应用型本科系列规划教材

车联网技术

主　编　吴　玲
副主编　余　曼　赵炜华　张永辉

西北工业大学出版社

西　安

【内容简介】 本书为智慧树平台"车联网技术"慕课的配套教材,全书共分为9章,主要介绍物联网和车联网的基本概念、体系架构和关键技术,车联网数据特征及其实际应用,车载传感设备的基本原理,智能驾驶与车联网、人工智能的关系,车联网和智能驾驶发展现状及趋势。

本书可用作应用型本科院校汽车类相关专业的教材,也可供从事汽车相关专业的工程技术人员参考阅读。

图书在版编目(CIP)数据

车联网技术/吴玲主编 . —西安:西北工业大学出版社,2020.10
ISBN 978-7-5612-7361-6

Ⅰ.①车… Ⅱ.①吴… Ⅲ.①汽车-物联网 Ⅳ.①U469-39

中国版本图书馆 CIP 数据核字(2020)第 201205 号

CHELIANWANG JISHU

车 联 网 技 术

责任编辑:孙 倩		策划编辑:蒋民昌	
责任校对:曹 江		装帧设计:李 飞	

出版发行:西北工业大学出版社
通信地址:西安市友谊西路 127 号　　邮编:710072
电　　话:(029)88491757,88493844
网　　址:www.nwpup.com
印 刷 者:兴平市博闻印务有限公司
开　　本:787 mm×1 092 mm　　1/16
印　　张:9.625
字　　数:253 千字
版　　次:2020 年 10 月第 1 版　　2020 年 10 月第 1 次印刷
定　　价:30.00 元

如有印装问题请与出版社联系调换

前　言

为进一步提高应用型本科高等教育的教学水平,促进应用型人才的培养工作,提升学生的实践能力和创新能力,提高应用型本科教材的建设和管理水平,西安航空学院与国内其他高校、科研院所、企业进行深入探讨和研究,编写了"应用型本科系列规划教材"系列用书,包括《航空安全管理学》共计 30 种。本系列教材的出版,将对基于生产实际,符号市场人才的培养工作起到积极的促进作用。

当前,人类正在经历着一场前所未有的,以通信、互联网、大数据、云计算以及人工智能等新兴信息与通信技术为标志的第四次工业革命。在这场革命中,人类的生活方式和生产方式将发生巨大变化,交通将随之发生改变,智能网联汽车与交通将成为国家新兴的战略性产业。

如今,车联网产业人才需求迅猛增长。产业发展,人才先行,人才是科技发展的关键。为了在这个新兴产业中争得先机,许多企业和地方政府都在纷纷抢占人才资源。在校大学生需要立足未来的时代发展要求,储备车联网相关知识,提升就业竞争优势。目前,传统汽车技术与大数据、人工智能和物联网等市场需求与存在一定的脱节,车联网技术内容可使大学生尽快适应当今我国汽车产业的快速发展,提高国内自主品牌汽车产业的核心竞争力。

在此背景下,依托智慧树慕课平台,笔者打造了"车联网技术"慕课,并编写本书,使学生系统地掌握物联网、车联网、自动驾驶等技术涉及的工程基础知识和理论知识,了解相关行业的发展现状和趋势。

本书为慕课配套教材,以应用型本科院校汽车类专业学生为使用对象,以提升学生对车联网技术的基础认知为目的,虽难度低,但内容翔实,图文并茂,力求通过通俗易懂的语言介绍最新的车联网技术。本书编写语言平实,坚持问题导向,能起到举一反三、触类旁通的作用。

本书由西安航空学院车辆工程学院吴玲主编,余曼、赵炜华和张永辉为副主编。具体编写分工如下:第 1 章、第 4 章由刘洲洲编写,第 2 章、第 9 章由吴玲编写,第 3 章由张永辉和郑颖编写,第 5 章和第 7 章部分内容由余曼编写,第 6 章由张俊溪编写,第 8 章由燕姣编写,赵炜华对全书章节安排及内容进行了审核。

在"车联网技术"慕课建设和本书编写过程中,笔者邀请了中国汽车研究中心车联网工程师张起朋录制课程并审核内容,使得理论内容与企业实践接轨,让学生系统掌握车联网、自动驾驶等技术涉及的工程基础知识和理论知识。同时,笔者已与陕西棱镜网络科技有限公司签订校企合作协议,通过后期横向项目,加强在人工智能、物联网、大数据和机器人等技术研发方面的合作,以项目成果促进本书内容更新。

本书在编写过程中,参考和引用了有关文献的文字和图表,在此向所有文献的作者表示衷心的感谢。

由于水平有限,书中难免存在疏漏和不足,恳请读者提出宝贵意见和建议,以便进一步完善。

编 者
2020 年 2 月

目 录

第 1 章　认识物联网 ··· 1
　1.1　什么是物联网 ··· 1
　1.2　物联网的起源与发展 ··· 3
　1.3　物联网的体系架构 ··· 6
　1.4　物联网的关键技术 ··· 9
　复习思考题一 ··· 13

第 2 章　走进车联网 ··· 14
　2.1　车联网的概念 ··· 14
　2.2　车联网与自动驾驶 ··· 17
　2.3　车联网体系架构和关键技术 ··· 19
　2.4　国内外车联网的发展现状 ··· 22
　复习思考题二 ··· 24

第 3 章　汽车电子控制技术和诊断系统 ··· 25
　3.1　汽车电子控制系统 ··· 25
　3.2　车载现场总线技术 ··· 34
　3.3　汽车诊断系统 ··· 48
　复习思考题三 ··· 53

第 4 章　车联网技术与定位导航 ··· 54
　4.1　车际网 V2X 协同通信 ·· 54
　4.2　车云网蜂窝移动通信 ··· 60
　4.3　卫星定位系统和惯性导航系统 ··· 70
　复习思考题四 ··· 74

第 5 章　车载终端与车载信息服务 ··· 75
　5.1　车载信息娱乐系统 ··· 75
　5.2　车载信息服务终端与应用 ··· 76

5.3 车载信息服务终端操作系统 …… 77
5.4 整车厂主导的车载信息服务模式 …… 79
复习思考题五 …… 81

第6章 车联网大数据及其应用 …… 82
6.1 车联网大数据特征 …… 82
6.2 网联驾驶典型应用 …… 83
6.3 车联网数据分析 …… 91
复习思考题六 …… 99

第7章 自动驾驶与智能汽车 …… 100
7.1 自动驾驶概述 …… 100
7.2 自动驾驶功能体系架构与关键技术 …… 104
7.3 人工智能与自动驾驶 …… 109
复习思考题七 …… 117

第8章 车载传感设备 …… 118
8.1 车载传感设备的作用 …… 118
8.2 视频识别设备 …… 121
8.3 视觉识别技术 …… 127
8.4 车载雷达 …… 130
复习思考题八 …… 141

第9章 车联网发展趋势 …… 142
9.1 我国相关产业发展政策 …… 142
9.2 智能驾驶发展趋势 …… 144
9.3 车联网产业发展趋势 …… 146
复习思考题九 …… 147

参考文献 …… 148

第 1 章　认识物联网

1.1　什么是物联网

物联网(Internet of Things,IoT)其实是互联网的一个延伸,它的本质也是互联网,只不过终端不再是计算机,而是嵌入式计算机系统及其配套的传感器。例如,很多人喜欢用智能手环,即使在人们休息的时候它也会记录并上传一些数据,这就是一个物联网的简单应用。也就是说,只要有硬件或产品连上网络,发生数据交互,就叫作物联网。例如,目前比较流行的智能家居、可穿戴式设备和共享单车(见图1-1),都可以定义为物联网的应用场景。

图 1-1　物联网的应用

目前较为公认的物联网的定义是,通过射频识别(Radio Frequency Identification,RFID)装置、红外感应器、全球定位系统和激光扫描器等信息传感设备,按照约定的协议,把任何物品与互联网相连接,进行信息交换和通信,以实现智能化识别、定位、跟踪、监控和管理的一种网络。在每个而不是每种物品能够被唯一标识后,利用识别、通信和计算等技术,在互联网基础上,构建的连接各种物品的网络,就是人们常说的物联网。

其中,物联网中的"物"的含义要满足以下条件才能够被纳入"物联网"的范围:
(1)要有相应信息的接收器。
(2)要有数据传输通路。
(3)要有一定的存储功能。
(4)要有 CPU。
(5)要有操作系统。
(6)要有专门的应用程序。

(7) 要有数据发送器。
(8) 遵循物联网的通信协议。
(9) 在世界网络中有可被识别的唯一编号。

几乎任何物理对象都可以通过连接到互联网来转换成物联网设备,从而执行某种控制。物联网设备包括智能手机、耳机、汽车、灯泡、冰箱、咖啡机、安全系统和警报系统以及许多其他家庭和移动设备。物联网设备可能像儿童玩具一样松软,也可能像无人驾驶卡车一样笨重,还可能像喷气式发动机系统一样复杂。现在已经有成千上万的传感器在收集和传输数据,在更大的范围内,智慧城市项目正在用传感器填充人们生活的整个区域,以帮助人们理解和控制环境。

物联网的本质就是将互联网技术基础设施融入物理基础设施中,即把感应器嵌入和装备到电网、铁路、桥梁、隧道、公路、建筑、供水系统、大坝和油气管道等各种基础设施中,并且被普遍连接,形成所谓"物联网",实现实时的、智慧的、动态的管理和控制。

总而言之,物联网设备具备以下特点:
(1) 设计简单。系统复杂度较低,能保证 IoT 设备在恶劣环境下正常工作。
(2) 成本低廉。IoT 设备一般都是成本低、数量大。
(3) 覆盖范围广。要保证一些在地下室的仪表、设备的数据能传输出去。
(4) 低功耗。大部分应用场景都需要使用电池功能,而且需要能正常工作好几年。
(5) 低速率。比如,在一些需要抄表的应用中,一天只须传输几十个字节就足够了。
(6) 海量设备接入。例如,一个小区里面的各种仪表和机器都是数以万计的。

目前,对物联网认识还存在一些误区,主要有以下几点:
(1) 把传感网或 RFID 网等同于物联网。事实上,传感技术和 RFID 技术都仅仅是信息采集技术之一。除了传感技术和 RFID 技术外,全球定位系统、视频识别、红外、激光和扫描等,所有能够实现自动识别与物物通信的技术都可以成为物联网的信息采集技术。传感网或者 RFID 网只是物联网的一种应用,不是物联网的全部。
(2) 把物联网当成互联网的无限延伸,当成所有"物"的完全开放、全部互连、全部共享的互联网平台。实际上,物联网绝不是简单的全球共享互联网的无限延伸。即使互联网,也不仅仅是指通常认为的国际共享的计算机网络,互联网也有广域网和局域网之分。

物联网既可以是平常意义上的互联网向"物"的延伸,也可以根据现实需要及产业应用组成局域网、专业网。现实中没必要也不可能使全部物品联网,也没必要使专业网、局域网都必须连接到全球互联网共享平台。今后,物联网与互联网会有很大不同,类似智慧物流、智能交通和智能电网等专业网,智能小区等局域网才是最大的应用空间。

(3) 认为物联网是空中楼阁,是目前很难实现的技术。事实上,物联网是实实在在的,很多初级的物联网应用早就在服务着人们。物联网理念就是在很多现实应用基础上推出的聚合型集成的创新,是对早就存在的具有物物互联的网络化、智能化、自动化系统的概括与提升,从更高的角度提升了人们对它的认识。

(4) 把物联网当成一个筐,什么都往里装,或基于自身认识,把仅仅能够互动、通信的产品都当成物联网应用。例如,仅仅嵌入了一些传感器,就成为所谓的物联网家电;把产品贴上 RFID 标签,就成了物联网应用,等等。

1.2 物联网的起源与发展

物联网起源于传媒领域,是信息科学技术产业的第三次革命。在20世纪90年代,美国施乐公司开发了一款网络可乐贩售机(Networked Coke Machine)。这台可乐贩售机虽然不会发微博,但是其已经联网,用户可以通过发邮件来获取它的状态,可以分析哪一排的可乐最冰,从而买到最凉爽的可乐。这是因为卡内基梅隆大学有这样一群程序员:他们不但喜欢喝冰可乐,而且还嫌上下楼累,有时候满怀希望下楼,想买一杯冰爽的可乐,却因为可乐机内没货,或者可乐不够冰而沮丧不堪。他们希望每次下楼都可以买到透心凉的冰爽可乐,于是他们就发挥自己的专长,将可乐贩卖机连接到网络上,同时还编写了一套程序监视可乐机内的可乐数量和冰冻状态,这样他们在下楼之前就可以知道可乐售卖机里有没有可乐及可乐的冰冻状态。在此基础上,1990年,施乐公司正式推出了网络可乐贩售机,如图1-2所示。该贩售机运用的就是早期基于普适计算理念的物联网技术。

图1-2 网络可乐贩售机

1991年,剑桥大学特洛伊计算机实验室的科学家由于经常要下楼去煮咖啡,还要时刻关注咖啡是否煮好,这既麻烦又耽误工作。于是,他们编写了一套程序,在咖啡壶旁边安装了一个便携式摄像头,利用终端计算机的图像捕捉技术,以3 f/s的速率传递到实验室的计算机上。这样,这些科学家们就可以随时查看咖啡是否煮好,如图1-3所示。以上这些都是物联网最早的雏形。

1995年,微软总裁比尔·盖茨在所写的《未来之路》一书中也提及物联网,但是可惜的是,当时并未引起人们的广泛重视。

1999年,美国麻省理工学院的Kevin Ashton教授首次提出:"万物皆可通过网络相互连接",阐明了物联网的基本含义,并且在麻省理工学院成立了"自动识别中心(Auto-ID)",从此,物联网有了基本雏形。早期的物联网是依托RFID技术的物流网络,随着技术和应用的发展,物联网的内涵已经发生了较大变化。

图1-3 特洛伊咖啡壶

2003年,美国《技术评论》提出,传感网络技术将是未来改变人们生活的十大技术之首。2004年,日本总务省提出u-Japan计划,该计划力求实现人与人、物与物、人与物之间的连接,希望将日本建设成一个随时、随地、任何物体、任何人均可连接的泛在网络社会。图1-4列出了物联网的发展。

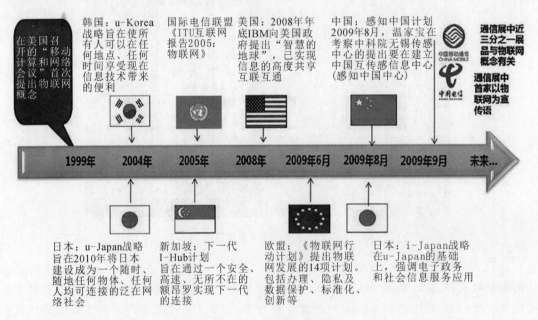

图1-4 物联网的发展

2005年11月17日,在突尼斯举行的信息社会世界峰会上,国际电信联盟(Internationl Telecommunication Union,ITU)发布《ITU互联网报告2005:物联网》,引用了"物联网"的概念。相比之前,此时物联网的定义和范围已经发生了变化,覆盖范围有了较大的拓展,不再只是指基于RFID技术的物联网。

2006年,韩国确立了u-Korea计划,该计划旨在建立无所不在的社会(Ubiquitous Society),在民众的生活环境里建设智能型网络(如IPv6,BcN,USN)和各种新型应用(如DMB,Telematics,RFID),让民众可以随时随地享受科技智慧的服务。2009年,韩国通信委员会出台了《物联网基础设施构建基本规划》,将物联网确定为新的增长动力,提出到2012年实现"通过构建世界最先进的物联网基础实施,打造未来广播通信融合领域超一流信息通信技术强国"的目标。

2008年后,为了促进科技发展,寻找新的经济增长点,各国政府开始重视下一代的技术规划,将目光放在了物联网上。2008年11月,我国在北京大学举行的第二届中国移动政务研讨会"知识社会与创新2.0"提出移动技术、物联网技术的发展代表着新一代信息技术的形成,并带动了经济社会形态、创新形态的变革,推动了面向知识社会的以用户体验为核心的下一代创新(创新2.0)形态的形成,创新与发展更加关注用户、注重以人为本。而创新2.0形态的形成又进一步推动新一代信息技术的健康发展。

2009年,欧盟执委会发表了欧洲物联网行动计划,描绘了物联网技术的应用前景,提出欧盟政府要加强对物联网的管理,促进物联网的发展。

2009年1月28日,时任美国总统的奥巴马与美国工商业领袖举行了一次"圆桌会议",作为仅有的两名代表之一,IBM首席执行官彭明盛首次提出"智慧地球"这一概念,建议新政府投资新一代的智慧型基础设施。当年,美国将新能源和物联网列为振兴经济的两大重点。

2009年2月24日,2009 IBM论坛上,IBM大中华区首席执行官钱大群公布了名为"智慧的地球"的最新策略。此概念一经提出,即得到美国各界的高度关注,甚至有分析认为,IBM公司的这一构想极有可能上升至美国的国家战略,并在世界范围内引起轰动。

"智慧地球"战略被美国人认为与当年的"信息高速公路"有许多相似之处,同样被他们认为是振兴经济、确立竞争优势的关键战略。该战略能否掀起如当年互联网革命一样的科技和经济浪潮,不仅为美国关注,更为世界所关注。

2009年8月,温家宝的"感知中国"的讲话把我国物联网领域的研究和应用开发推向了高潮。无锡的率先建立了"感知中国"研究中心,中国科学院、网络运营商、多所大学在无锡建立了物联网研究院,无锡市江南大学还建立了全国首家实体物联网工厂学院。物联网被正式列为国家五大新兴战略性产业之一,并被写入《政府工作报告》中,物联网在中国受到了全社会极大的关注,其受关注程度是在美国、欧盟以及其他各国不可比拟的,如图1-5所示为各国政府对物联网的发展规划。

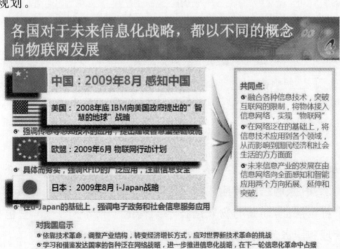

图1-5　各国政府对物联网的发展规划

物联网的概念已经是一个"中国制造"的概念,它的覆盖范围与时俱进,已经超越了1999年Ashton教授和2005年国际电信联盟(International Telecommunication Union,ITU)报告所指的范围,物联网已被贴上"中国式"标签。

2010年,发改委、工信部等部委会同有关部门,在新一代信息技术方面开展研究,以形成支持新一代信息技术的一些新政策措施,从而推动我国经济的发展。物联网作为一个新经济增长点的战略新兴产业,具有良好的市场效益,《2014—2018年中国物联网行业应用领域市场需求与投资预测分析报告》中的数据表明,2010年,物联网在安防、交通、电力和物流领域的市场规模分别为600亿元人民币、300亿元人民币、280亿元人民币和150亿元人民币。2011年,中国物联网产业市场规模达到2600多亿元人民币。物联网已被国家纳入"战略新兴产业技术"的产业范畴之一,其他还有高端装备制造、生物工程和环保科技等,由此可以看出国家层面对此行业的认可。国内外很多投研机构,也都对物联网技术进行了深入研究,并给出了积极评价。

物联网的发展会越来越迅速,互联网和物联网相融合的时代就是真正科技时代的到来,到那个时候,人们就可以体验到物联网技术带来的便捷。

1.3 物联网的体系架构

物联网的体系架构跟计算机网络体系架构(Open System Interconnect,OSI)是类似的,也是分层描述,物联网的技术和实体体系架构如图1-6所示。

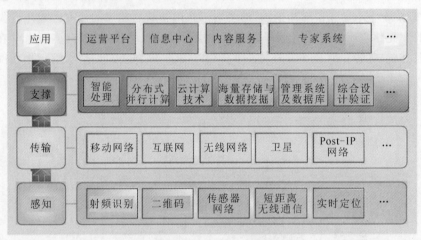

图1-6 物联网的技术和实体体系架构

物联网作为一种形式多样的聚合性复杂系统,涉及信息技术自上而下的每一个层面,其体系架构一般可分为感知层、网络层和应用层三个层面,如图1-7所示。其中,公共技术不属于物联网技术的某个特定层面,而是与物联网技术架构的三层都有关系,它包括标识与解析、安全技术以及网络管理和服务质量(Quality of Service,QoS)管理等内容。

第 1 章　认识物联网

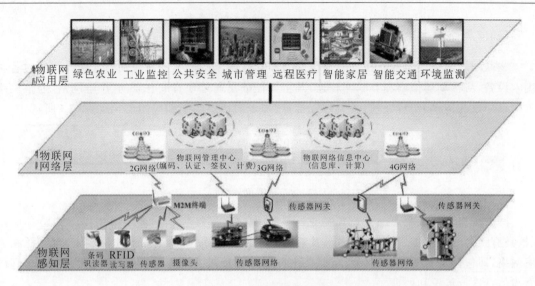

图 1-7　物联网技术架构

1.3.1　感知层

感知层是物联网发展和应用的基础，包括传感器或读卡器等数据采集设备、数据接入网关之前的传感器网络。感知层以 RFID、传感与控制、短距离无线通信等为主要技术，其任务是识别物体和采集系统中的相关信息，从而实现对"物"的认识与感知，如图 1-8 所示。

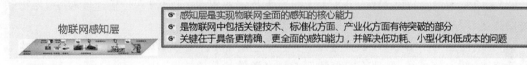

图 1-8　物联网感知层

感知层是物联网的底层基础，解决的是人类世界和物理世界的数据获取问题。感知层主要通过各类信息采集、执行设备和识别设备，采用多种网络通信技术、信息处理技术、物化安全可信技术、中间件及网关技术等，实现物理空间与信息空间的感知互动，包括各类物理量、标识、音频和视频数据。物联网的数据采集主要涉及传感器、RFID、多媒体信息采集和实时定位等技术。例如，需要张贴安装在设备上的 RFID 标签和用来识别 RFID 信息的扫描仪、感应器以及各种各样的传感器都是属于物联网的感知层。在车联网典型应用中的高速公路不停车收费系统（Electronic Toll Collection，ETC）、超市仓储管理系统等都是基于这一类结构的物联网。

感知层的结构主要由传感器节点接入网关组成，智能节点也就是传感器来感知信息（温度、湿度、图像等多种数据），并自行组网上行传递到上层网关接入点，由网关将收集到的感应信息通过网络层提交到后台处理。后台将数据处理完毕，发送下行执行命令到相应的执行机构，完成对被控或被测对象的控制参数调整，或发出某种提示信号，以实现对被控或被测对象的远程监控。

1.3.2 网络层

物联网的网络层是建立在现有通信网络和互联网基础之上的融合网络。网络层通过各种接入设备,与移动通信网和互联网相连,其主要任务是通过现有的互联网、广电网络、通信网络等实现信息的传输、初步处理、分类和聚合等,用于沟通感知层和应用层,如图1-9所示。

图1-9　物联网网络层

网络是物联网最重要的基础设施之一。因为网络层在物联网模型中连接感知层和应用层,具有强大的纽带作用,高效、稳定、及时和安全地传输上下层的数据。可以异构融合泛在通信网络,即包括现有的互联网、通信网、广电网以及各种接入网和专用网,通信网络对采集到的物体信息进行传输和处理。

同时,网络层可以实现更加广泛的互联功能,能够把感知到的信息无障碍、高可靠性、高安全性地进行传送,将无线传感器网络与移动通信技术、互联网技术相融合。经过十余年的快速发展,目前,移动通信和互联网等技术已比较成熟,基本能够满足物联网数据传输的需要。因此说,网络层是物联网中最重要的基础设施。下面简单介绍通常使用的网络形式。

(1)互联网。IPv6的使用突破了可接入网络的终端设备在数量上的限制,互联网/电信网是物联网的核心网络、平台和技术支持。

(2)无线宽带网。WiFi/WiMAX等无线宽带技术的覆盖范围较广,传输速度较快,为物联网提供高速、可靠、廉价且不受接入设备位置限制的互联手段。

(3)无线低速网。由ZigBee/蓝牙/红外等低速网络协议能够适应物联网中能力较低的节点的低速率、低通信半径、低计算能力和低能量来源等特征组成。

(4)移动通信网。移动通信网络已成为"全面、随时、随地"传输信息的有效平台。高速、实时、高覆盖率、多元化处理多媒体数据,为"物品触网"创造了条件。目前,我国通信设备和运营商实力较强,是我国互联网技术领域最成熟的部分。

1.3.3 应用层

物联网的应用层是将物联网技术与专业技术相互融合,利用分析处理的感知数据,为用户提供丰富的特定服务。应用层是物联网发展的目的,物联网的应用可分为控制型、查询型、管理型和扫描型等,可通过现有的手机、电脑等终端实现广泛的智能化应用解决方案,如图1-10所示。

图1-10　物联网应用层

应用层主要包含应用支撑平台子层和应用服务子层。其中,应用支撑平台子层用于支撑跨行业、跨应用、跨系统之间的信息协同、共享、互通的功能;应用服务子层包括智能交通、智能医疗、智能家居、智能物流和智能电力等行业应用。

应用层位于物联网三层结构中的最顶层,其功能为"处理",即通过云计算平台进行信息处理。应用层与最低端的感知层一起,是物联网的显著特征和核心技术所在,应用层可以对感知层所采集的数据进行计算、处理和知识挖掘,从而实现对物理世界的实时控制、精确管理和科学决策。这里就可以用到目前比较热门的人工智能技术。人工智能(Artificial Intelligence, AI)是研究、开发用于模拟、延伸和扩展人的智能的理论、方法、技术及应用系统的一门新的技术科学,简单地讲就是机器通过数据学习,模拟人的思维做事。不难发现,物联网与人工智能有一个明显的共同点就是大数据处理,但是两者又不完全相似。举一个不太恰当但又通俗易懂的例子:物联网就是从各个地方汇集而来的各种配料、香料和食材;人工智能就是大厨,将各种零散的、不成体系的食料根据不同菜品的特色进行分析归纳,然后烹饪成各式各样的菜肴以满足酒店大厅中的不同食客的需求(人类)。简言之,物联网负责收集资料(通过传感器连接无数的设备和载体,包括家电产品),收集到的动态信息会被上传到云端。接下来,人工智能系统将对信息进行分析加工,形成人类所需的实用技术。此外,人工智能通过数据自我学习,可以帮助人类达成更深层次的长远目标。

从物联网这三层结构的发展来看,网络层已经非常成熟,感知层的发展也非常迅速,而应用层不管是从受到的重视程度还是实现的技术成果上,以前都落后于其他两个层面。但因为应用层可以为用户提供具体服务,所以应用层的未来发展潜力是很大的。

1.4 物联网的关键技术

目前,物联网相关技术的发展与进步促进了物联网的快速发展,而其中的关键技术对物联网更是具有不同凡响的影响和意义。基于物联网的三层架构关键技术来了解物联网的关键技术,这里主要介绍以下三项关键技术。

1.4.1 感知技术

感知技术也被称为信息采集技术,它是实现物联网的基础。目前,信息采集主要采用电子标签和传感器等方式完成。在感知技术中,电子标签用于对采集的信息进行标准化标识,数据采集和设备控制通过射频识别读写器、二维码识读器等实现。

1. 射频识别技术

射频识别即射频识别技术,是一种通信技术,可通过无线电信号识别特定目标并读写相关数据,而无须在识别系统与特定目标之间建立机械或光学接触,是一种非接触式的自动识别技术。射频识别技术主要由三部分组成,如图1-11所示。

标签——由耦合元件及芯片组成,具有存储与计算功能,可附着或植入手机、护照、身份证、人体、动物、物品和票据中。每个标签具有唯一的电子编码,附着在物体上用于唯一标识目标对象。根据标签的能量来源,可以将其分为被动式标签、半被动式标签和主动式标签三种。根据标签的工作频率,又可将其分为低频(Low Frequency, LF)(30~300 kHz)、高频(High Frequency, HF)(3~30 MHz)、超高频(Ultra High Frequency, UHF)(300~968 MHz)和微波(Micro Wave, MW)(2.45~5.8 GHz)。

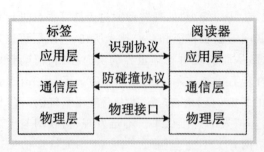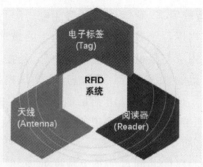

图1-11 射频识别技术的组成

阅读器——读取(有时还可以写入)标签信息的设备,可设计为手持式或固定式。阅读器根据使用的结构和技术不同,可以是读或读/写装置,也可以是RFID系统信息控制和处理中心。阅读器通常由耦合模块、收发模块、控制模块和接口单元组成。阅读器和应答器之间一般采用半双工通信方式进行信息交换,同时,阅读器通过耦合给无源应答器提供能量和时序。在实际应用中,可进一步通过以太网(Ethernet)或无线局域网(WLAN)等实现对物体识别信息的采集、处理及远程传送等管理功能。

天线——在标签和读取器间传递射频信号。

RFID技术的基本工作原理:标签进入磁场后,接收解读器发出的射频信号,凭借感应电流所获得的能量,发送存储在芯片中的产品信息,或者由标签主动发送某一频率的信号,经解读器读取信息并解码后,送至中央信息系统进行相应的数据处理。

我们需要知道,RFID当前面临的以下几点问题:

一是数据安全。由于任何实体都可读取标签,所以恶意攻击者可将自己伪装成合法标签,或者通过进行拒绝服务攻击,从而对标签的数据安全造成威胁。

二是隐私。将标签ID和用户身份相关联,从而侵犯个人隐私。未经授权访问标签信息,得到用户在消费习惯、个人行踪等方面的隐私。和隐私相关的安全问题主要包括信息泄漏和追踪。

三是复制。约翰斯·霍普金斯大学和RSA实验室的研究人员指出,RFID标签中存在的一个严重安全缺陷是标签可被复制。

2.无线传感技术

无线传感器网络如图1-12所示。

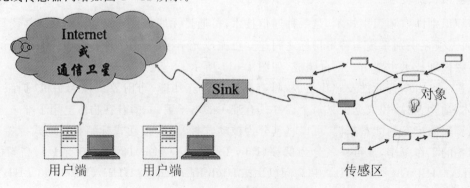

图1-12 无线传感器网络

传感器是机器感知物质世界的"感觉器官",用来感知信息采集点的环境参数。它可以感知热、力、光、电、声和位移等信号,为物联网系统的处理、传输、分析和反馈提供最原始的信息。随着电子技术的不断进步,传统的传感器正逐步实现微型化、智能化、信息化和网络化,同时,也正经历着一个从传统传感器到智能传感器再到嵌入式 Web 传感器不断发展的过程。

总之,传感和识别技术是物联网感知物理世界,获取信息和实现物体控制的首要环节。传感器将物理世界中的物理量、化学量、生物量转化成可供处理的数字信号,识别技术实现对物联网中物体标识和位置信息的获取。

1.4.2 网络传输通信技术

网络传输通信技术主要实现对物联网数据信息和控制信息的双向传递、路由和控制,主要包括低速近距离无线通信技术、低功耗路由、自组织通信、无线接入 M2M 通信增强、IP 承载技术、网络传送技术、异构网络融合接入技术及认知无线电技术等。

在物联网的机器到机器、人到机器和机器到人的信息传输中,有多种通信技术可供选择,主要分为有线(如 DSL、PON 等)和无线(如 CDMA、GPRS、IEEE 802.11a/b/g WLAN 等)两大类技术,这些技术均已相对成熟。在物联网的实现中,格外重要的是无线传感网技术。

M2M,即机器对机器通信,M2M 重点在于机器对机器的无线通信,有以下三种方式:机器对机器、机器对移动电话(如用户远程监视)和移动电话对机器(如用户远程控制)。在 M2M 中,GSM/GPRS/UMTS 是主要的远距离连接技术,其近距离连接技术主要有 IEEE802.11b/g、BlueTooth、Zigbee 和 RFID 等。此外,还有一些其他技术,如 XML 和 Corba,以及基于 GPS、无线终端和网络的位置服务技术。

传感网的定义为随机分布的集成传感器、数据处理单元和通信单元的微小节点,通过自组织的方式构成的无线网络。借助节点中内置的传感器测量周边环境中的热、红外、声呐、雷达和地震波等信号,从而探测包括温度、湿度、噪声、光强度、压力、土壤成分、移动物体的速度和方向等物质现象。集分布式信息采集、传输和处理技术于一体的网络信息系统,以其低成本、微型化、低功耗、灵活的组网方式、铺设方式以及适合移动目标等特点受到广泛重视。

目前,面向物联网的传感网主要涉及以下几项技术:测试及网络化测控技术、智能化传感网节点技术、传感网组织结构及底层协议、对传感网自身的检测与自组织以及传感网安全。目前,最流行的 Wi-Fi 技术数据传输速度很快,尤其 802.11ax 技术即将诞生,然而伴随数据传输速度的提升,耗电量急剧增大,且传输距离也成为难题,长距离传输须每隔一定距离放一个无线访问节点(Access Point,AP)进行桥接,这必将大幅提升成本。因此,Wi-Fi 技术更适合供个人计算机(Personal Computer,PC)和平板电脑(Personal Digital Assistance,PAD)等终端应用的室内无线上网场景。蓝牙技术与 Wi-Fi 在 2.4 GHz 频段上有交接,所以同频段会有一些干扰问题的产生。蓝牙的耗电量比 Wi-Fi 稍微低一些,但传输速度远不及 Wi-Fi。蓝牙在资产追踪、定位标签以及医疗传感器等场景下应用较多,如智能手表、蓝牙定位、共享单车等。Zigbee 技术的功耗比较小,通信距离也比较短,是一种短距离低功耗的技术,主要应用于无线传感器及医疗场景等。超宽带(Ultra Wide Band,UWB)技术频段较为干净,没有其他频段的干扰,在高精度定位的场景下应用更多。

以上技术更适合近距离场景的数据传输,那么,在远距离场景下又有哪些技术呢?

运营商提供的 4G 网络是人们生活中应用最多的,甚至超过 Wi-Fi。它可以做到长距离传输,无论在室内还是室外,速度都很快。这种技术看起来很优秀,但其功耗较大,只能应用于终端可自取电的物联网场景,如一些企业的共享单车利用太阳能电池板进行取电。在远距离场景下,如果终端不能解决供电问题,那么需要一种具有更低功耗、覆盖范围更大的技术来满足这个场景下的物联网通信需求。于是,在业务和技术的驱动下,一些专家和企业为了解决这个问题,研究出一种新型的通信技术——LPWAN,即低功耗广域网技术。LPWAN 是为物联网应用中的 M2M 通信场景而优化的远距离无线网络通信技术。LPWAN 技术的优势包括低速率、超低功耗、长距离、低吞吐和强覆盖。这些特点恰好说明,此项技术正是针对物联网在长距离传输的场景下开发的,如城区覆盖、远程抄表、井盖检测以及近海渔船检测等应用。LPWAN 作为一个新的技术阵营,其内部分为两大派系:授权频段和非授权频段。授权频段的代表是 NB-IoT;非授权频段的代表则是 LoRa,如图 1-13 所示。

图 1-13 NB-IoT 和 LoRa

1.4.3 海量信息智能处理技术

物联网中的信息智能处理综合运用了高性能计算、人工智能、数据库和模糊计算等技术,对收集的感知数据进行通用处理,重点涉及数据存储、并行计算、数据挖掘、平台服务和信息呈现等。

物联网是由大量传感网节点构成的,在信息感知的过程中,采用各个节点单独传输数据到汇聚节点的方法是不可行的,因为网络中存在大量冗余信息,会浪费大量的通信带宽和宝贵的能量资源。此外,还会降低信息的收集效率,影响信息采集的及时性,所以须采用数据融合与智能技术进行处理。

数据融合是指将多种数据或信息进行处理,组合出高效且符合用户需求的数据的过程。海量信息智能分析与控制是指依托先进的软件工程技术,对物联网的各种信息进行海量存储与快速处理,并将处理结果实时反馈给物联网的各种"控制"部件。

智能技术是为了有效地达到某种预期目的,经知识分析后所采用的各种方法和手段。在物体中植入智能系统,可以使物体具备一定的智能性,能够主动或被动地实现与用户的沟通,这也是物联网的关键技术之一。

根据物联网的内涵可知,要真正实现物联网,需要感知、传输、控制及智能等多项技术。物联网的研究将带动整个产业链或者说推动产业链的共同发展。信息感知技术、网络通信技术、数据融合与智能技术以及云计算等技术的研究与应用,将直接影响物联网的发展与应用,只有综合研究并解决了这些关键技术问题,物联网才能得到快速推广,造福人类社会,实现"智慧地球"的美好愿望。

但是,任何事物都不是完美的,物联网也存在一些问题。

1. 技术标准问题

网络层互联网有 TCP/IP 协议,而接入层协议类别有 GPRS、传感器、TD-SCDMA、有线等多种通道,因此世界各国存在不同的标准。物联网是基于网络的多种技术的融合,应该有统一的相关协议标准支持,这样才能促进物联网取得更好的发展。

2. 地址问题

每个物品都需要在物联网中被寻址,这就需要解决地址问题。物联网需要更多的 IP 地址,IPv4 资源即将耗尽,而向 IPv6 过渡的过程较漫长,同时存在与 IPv4 的兼容性问题。

3. 多种技术融合问题

传感器技术、射频识别技术、通信技术、控制技术和智能技术等技术的高效融合存在一定的困难。

4. 安全问题

信息采集频繁,因此必须考虑数据的安全性。

复习思考题一

1. 物联网的概念是什么?
2. 与互联网相比,物联网具有哪些主要特征?
3. 简述物联网的体系架构。
4. 简述物联网的关键技术。

第2章 走进车联网

2.1 车联网的概念

2.1.1 工业革命的发展历程

在理解车联网的概念之前,先回顾一下科技历史的发展。工业革命所带来的科技进步,像浪潮一样不断层层推进着人类社会生活方式和生产方式的变革。

第一次工业革命的主要发明如图 2-1 所示。1765 年,英国珍妮纺纱机的发明标志着工业革命的开始,1785 年,英国人瓦特制成的改良式蒸汽机让机器的使用得以普及。汽船、火车的发明极大促进了产品的运输和销售,这些都是第一次工业革命代表性的发明,人类社会由此进入"蒸汽时代"。

图 2-1 第一次工业革命的主要发明
(a)珍妮纺纱机;(b)瓦特改良的蒸汽机;
(c)富尔顿的蒸汽汽船;(d)史蒂芬孙的蒸汽机车

电力的广泛应用、内燃机和新交通工具的出现是第二次工业革命的主要成就,人类从此迈入电气时代。在这次工业革命中,法拉第在 1831 年发现了电磁感应现象,找到了打开电能宝库大门的钥匙。德国的西门子在 1866 年制成了世界上第一台发电机。美国发明大王爱迪生在 1879 年成功研制出耐用的碳丝灯泡。同时代的还有第一辆汽车和第一架飞机的出现。新交通工具的大量使用,提升了人们的生产能力,改变了人们的生活方式,使得运输效率不断提高。

第三次工业革命发源于 20 世纪 40 年代的美国。它以原子能、电子计算机、空间技术和生物工程的发明和应用为主要标志,涉及信息技术、新能源技术、新材料技术、生物技术、空间技术和海洋技术等诸多领域的信息与控制技术革命。

第四次工业革命的标志性技术是什么呢?工业 4.0 就是以智能制造为主导的第四次工业革命,主要利用信息通信技术和信息物理系统(Cyber Physical Systems,CPS),使制造业向智能化转型。物联网、大数据、云计算和人工智能等新兴的信息与通信技术就是这一次工业革命的关键性标志。可以说,物联网在第四次工业革命中扮演着重要的角色,同时,这也将会给服务业带来深远的影响。物联网在智能制造、智慧城市、智慧交通和智慧家居等领域均显示出突出进展。

图 2-2 所示为四次工业革命的发展历程,这四次科技革命彻底改变了人们生活的世界,不断推动人类触及新的技术领域。

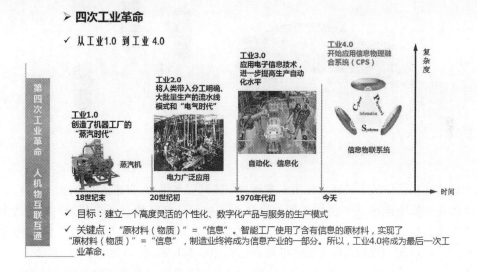

图 2-2 四次工业革命发展历程

2.1.2 车联网——汽车的网联化

进入物联网时代,车联网也与我们触手可及。本书的第 1 章内容已经介绍了物联网的概念和涉及的关键技术,这些和车联网到底有什么关系呢?

物联网以汽车作为互联网终端进行信息通信,体现到汽车与交通领域就是车联网。车联网(Internet of Vehicles,IoV)属于物联网的一种。车联网就是把车连接在一起的网络。确切来说,车联网并不只是把车与车连接在一起,它还把车与行人、车与路、车与交通基础设施(信号灯等)、车与网络、车与云(平台)等连接在一起。这里涉及以下几个车联网概念。

其中，V2V——车与车通信，Vehicle to Vehicle；

V2P——车与行人通信，Vehicle to Pedestrian；

V2R——车与路通信，Vehicle to Road；

V2I——车与基础设施通信，Vehicle to Infrastructure；

V2N——车与网络通信，Vehicle to Network；

V2C——车与云(平台)通信，Vehicle to Cloud。

因此，比较严格的定义是，车联网是物联网在汽车与交通领域的应用，是车与人、车与车、车与路、车与云(平台)之间进行数据和信息交换的信息通信网络。互联网、移动通信和物联网技术的发展驱动了车联网的发展和汽车的网联化。

不管是上述哪种，都可以统称为 V2X，X 代表任何事物(everything)。如果将车联网看作两种形态的话，它可以划分为基于蜂窝移动通信的车云网和基于 V2X 协同通信的车际网(见图 2-3)。

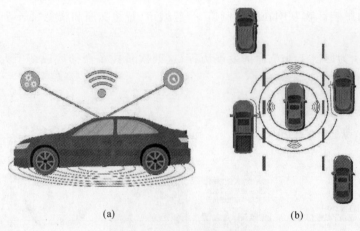

图 2-3 车联网的两种形态
(a)车云网；(b) 车际网

基于蜂窝移动通信的车云网主要用于车辆与车联网服务平台、交通运输管理云平台、地图云平台和自动驾驶算法训练云平台的数据传输和业务应用。蜂窝移动通信从 2G 发展到 5G，其传输速率不断提高。20 世纪 90 年代出现的 2G 传输速率很低，约为 115 kb/s，21 世纪初出现的 3G 传输速率是 2G 的 10 倍。4G 传输速率最高达到 100 Mb/s，是 3G 的 50 倍。而将于 2020 年部署的 5G 最高传输速率约为 4G 的 200 倍，达 20 Gb/s，可用于海量的车辆环境感知数据传输。

而 V2X 协同通信用于车与人、车与车、车与路、人与路之间的数据传输。车际网的 V2X 协同通信主要有两种技术：专用短距离通信(Dedicated Short Range Communication，DSRC)和蜂窝-V2X(C-V2X)协同通信。

为了确保数据和信息交换，车、路、行人和云平台需要有通信终端设备。对行人来说，通信终端就是个人的智能手机；平台的通信设备是平台的网络接入设备；汽车使用车载终端；路侧设备使用路侧终端。

网联汽车、汽车网联化和车联网的区别：网联汽车强调的是被联网的汽车，主要强调汽车；汽车网联化强调的是汽车被联网，主要强化网络，这两个术语常用于汽车或交通行业；车联网强调的是连接汽车的网络，车联网是物联网的一个应用领域，这个术语常用于通信行业。在后面的章节中,如果涉及汽车、交通领域,则称为网联;涉及网络通信时,则称为车联网。

人们所处的行业背景和知识结构不同,对车联网的认知和理解也就有所不同。有人认为,车联网是基于联网车机或中控台的车载信息服务;有人认为,车联网是互联网与汽车售后市场的结合应用;有人认为车联网是为了实现交通安全;也有人认为车联网就是联网的自动驾驶。严格来说,车联网是车与车、车与人、车与路、车与云(平台)之间,按照约定的体系架构及其通信协议和数据交互标准,进行通信和信息交换的信息基础设施。

汽车的网联化让汽车成为一个联网的可行走的智能终端,可实现车载信息服务、车辆数据信息服务、网联协同驾驶和网联自动驾驶等车联网业务和应用,推动传统汽车与交通相关产业的变革和新兴服务业态的出现。

传统汽车和交通相关的行业,如汽车和汽车零部件制造业、道路救援、医疗救援、保险公司、汽车维修和汽车服务等服务行业的业务模式、产业生态和商业模式,将因为汽车的联网而发生变革。车厂和汽车零部件制造业将与信息通信制造业合作,将通信模块、集成电路、操作系统和应用软件等集成到车载终端。

车联网业务应用将产生很多新兴的服务行业,如车载信息服务提供商、内容提供商、道路气象服务提供商、停车服务提供商、商业运输服务提供商、汽车导航地图服务提供商、交通管理运营商、公路管理运营商、车联网运营商和应急管理中心等。

2.2 车联网与自动驾驶

给汽车装上终端,让汽车上网,通过分析车联网大数据,对车主各类服务需求进行分类,从而搭建服务平台,连接整个汽车产业链,实现供到需的零衔接。因此,整个服务平台的消费主体是那些需要靠服务获益的公司,而车主并不需要付费。

车辆数据联网,所有关于车的运行状态信息都会传到云端。围绕这些信息数据的是海量的应用场景。例如,车没有油或者没有电了,云端会告知车主哪里有加油站或充电桩;车的某个零部件数据异常,云端会先进行分析,然后告知车主可能存在的风险。车联网不仅可以上传数据,还可以下载数据,比如拥堵路况信息、车位数据以及气象信息等,这些都可以被下载到车里。

总的来说,车联网相关业务可以分为三类:安全类、信息类和交通效率类。安全类应用是防止汽车发生交通事故;信息类是为汽车提供道路施工等的信息服务;交通效率类是电子红绿灯、绿波带一类提升交通效率的应用。

在这些初级应用之上,在更加庞大的云计算能力和通信能力的支撑下,远程驾驶甚至是自动驾驶终于变成了可能,如图2-4所示。自动驾驶可以说是车联网进化的终极形态。自动驾驶的基本过程是搜集汽车周边信息,然后做出决策行为(转向、变道、加速、减速等)。与现有的摄像头视频识别、毫米波雷达何激光雷达类似,V2X是一种获得其他车辆、行人行驶状态(车速、刹车、变道等)的手段。

如果将雷达和摄像头看作是自动驾驶汽车的眼睛,V2X就是自动驾驶汽车的耳朵。Google公司的自动驾驶汽车主要是依靠雷达、传感器和摄像头视频识别来获得周边汽车的状态。而这些只能让车看到视线内汽车和行人的情况,对于自动驾驶来说,这些是远远不够的。V2X是获得视距外汽车状态的一种有效手段,和雷达、摄像头视频识别、传感器共同组成了车辆对外界环境的信息获取系统。而这些信息是自动驾驶汽车做出决策的重要依据。相对于雷达和摄像头能够直接"看"到周围环境,V2X 给自动驾驶汽车装上了一双"顺风耳"。

图 2-4 自动驾驶

汽车和各种交通基础设施(如信号灯)全部接入网络,由强悍的云计算系统,分析整个城市的交通流量和拥堵状况,对所有道路车辆进行路径规划,再辅以交通调度,就可以最大限度地提升城市道路的运力,同时,还会大幅度降低交通事故的发生概率。阿里巴巴和腾讯都提出了"城市大脑"这个概念,就是在朝这个方向努力,其实质就是用计算机的计算能力代替人类的脑力。此外,配合大数据和人工智能,对车主的驾驶习惯进行分析,对企业的物流需求进行分析,对城市车流的流向规律进行分析,可以挖掘的商业价值就更大了。

简而言之,不是为了联网而联网,联网是为了数据。有了车联网,就有了数据。有了数据,再辅以强大的计算能力,就有了一切业务。

那么,已经到来的 5G 通信技术,又和车联网有什么关系呢?如图 2-5 所示,之前提到的车联网的两种形态,即基于蜂窝移动通信的车云网和基于 V2X 协同通信的车际网都会涉及蜂窝移动通信。数据传输的时间延迟,也称为时延,时延在车联网里就意味着生死。如果车辆在高速公路行驶的速度是 120 km/h,也就是 33 m/s,刹车如果晚了 1 s,将会多出近 40 m 的制动距离。因此,如果要支持远程驾驶或自动驾驶,网络的时延必须是个位数的 ms 级。目前最主流的蜂窝通信技术标准是 4G LTE,LTE 达不到时延的要求,但是 5G 作为 LTE 的演进就可以达到。5G 的时延可以达到 1 ms,足以满足要求。除了时延之外,5G 还拥有很多 LTE 不具备的优点:拥有更高的带宽,支持更大数量的连接,支持更高的移动速度。因此说,5G 就是为物联网而生的。

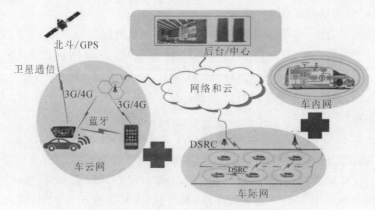

图 2-5 车内网、车际网和车云网

如图 2-6 所示为 5G 和自动驾驶的关系。5G 和车联网的关系，简单来说就是相互依赖。没有 5G，车联网就不是真正的车联网。没有车联网，5G 就少了一个很重要的应用，也就少了一部分投资来源，少了一定的存在的必要性，价值也会大打折扣。目前看来，车联网是 5G 最重要的一个应用场景，也是最有可能引爆 5G 需求的场景。其他物联网需求都无法形成车联网这样的规模和体量，也不会有车联网这么强大的推动力。

图 2-6 5G 和自动驾驶

2.3 车联网体系架构和关键技术

2.3.1 车联网体系架构

"云、管、端"是未来信息服务的新架构，如图 2-7 所示，它展示了其面向未来自动驾驶"端"到"端"的综合解决方案。简单来说，"云"是云服务，包括云计算和大数据，它能够基于大量收集到的数据实时进行智能处理和协同规划，提供信息服务；"端"是智能终端，包括车辆、行人和路侧基础设施等各种交通参与体，同时，也是执行云端指令的实体；"管"则是连接"云"和"端"之间的各种管道，包括上、下行通信管道和直通管道，它将各种交通实体连接起来，并保证数据交互的顺利进行。

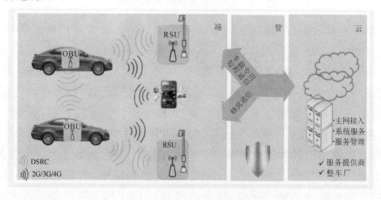

图 2-7 "云、管、端"架构

同时，车联网的体系架构也可以分为三个层次：一层是行人与车辆；二层是路侧设备；三层是云平台。

图2-8为车联网的体系架构。一层中,行人和车辆是感知数据的主要来源,包括汽车电子控制系统、卫星定位系统和惯性导航系统感知的车辆数据,车载传感设备感知的车辆环境数据(包括道路基础设施与道路目标物)、交通运行数据(包括交通管理与交通运行情况)、人工智能路情数据,行人智能终端感知的行人位置数据以及由驾乘人员或行人提供的运输出行数据。

二层路侧设备一般部署在路侧,包括路侧呈现设备与路侧传感设备。对于特殊的交通情况,路侧设备也可以是移动设备或手持设备。路侧设备是一层与三层之间的中间层,起到承上启下的作用。路侧传感设备也可用于感知交通运行数据。

三层云平台的作用是收集、存储、处理、共享和发布车辆与交通数据信息,其云平台包括车联网服务平台(具体又分为车载信息服务平台和车辆大数据信息服务平台)、交通运输管理云平台、地图云平台和自动驾驶算法训练云平台。

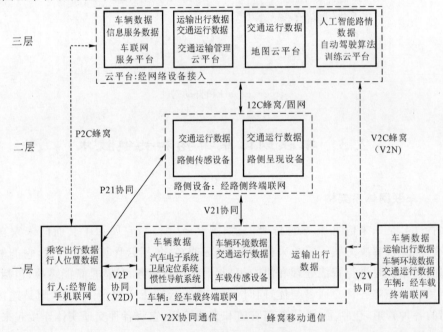

图2-8 车联网的体系架构

我们已经知道,车联网有两种基本的通信方式:V2X协同通信和蜂窝移动通信。V2X协同通信是车辆与车辆、车辆与行人、车辆与路侧设备之间进行数据和信息交换的通信方式。V2X协同通信有四种应用场景:车与车、车与路、车与人和人与路协同通信。蜂窝移动通信是车辆和路侧设备与云平台之间进行数据和信息传输的通信方式。蜂窝移动通信有三种应用场景:一是车云通信或叫作车网通信;二是路云通信,路云通信除了蜂窝移动通信,也可以用互联网等其他固定网络通信实现;三是人与云通信,它是智能手机终端与平台之间的通信。

当然,作为物联网的一种特殊行业应用,车联网的体系参考模型主要也包括三层:数据感知层、网络传输层以及应用层,如图2-9所示。数据感知层承担车辆自身与道路交通信息的全面感知和采集,是车联网的神经末梢,通过传感器、RFID和车辆定位等技术,实时感知车况及控制系统、道路环境、车辆当前位置和周围车辆等信息,实现对车辆自身属性以及车辆外在环境属性信息的提取,为车联网应用提供全面、原始的终端信息服务。

数据感知层的数据来源主要有以下三个方面：一是对车辆自身的感知，例如速度、加速度、位置和横摆角速度等，主要通过读取控制局域网络（Centroller Area Netvor,CAN）总线、全球定位系统和其他感知设备来实现；二是对周围车辆行驶状态的感知，比如周围车辆的位置、速度等，这就需要车间通信，道路环境的感知，再比如交通信号状态、道路拥堵状态等信息，这就需要车路通信，每辆车和路侧设施单元需要把自己感知到的信息分发出去；三是通过与平台及第三方应用交互来获取更多的数据，比如天气数据、公交车优先调度请求等。

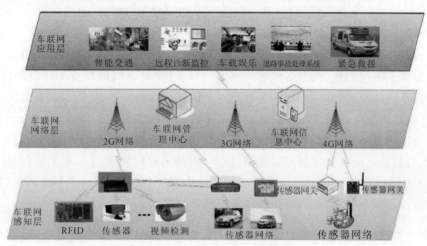

图 2-9 车联网体系参考模型

为了在车与车、车与路、车与人和车与云（车与平台中心）之间实现信息共享，就须考虑通用的通信协议的制定，这就是车联网的网络传输层。

车联网的各项应用必须在现有网络体系和协议的基础上，兼容未来可能的网络拓展功能。因为应用需求是推动车联网技术发展的原动力，车联网在实现智能交通管理、车辆安全控制、交通事件预警等功能的同时，还应为车联网用户提供车辆信息查询、信息订阅、事件告知等各类服务功能。同时，可以运用云计算平台，向政府管理部门、整车厂商和信息服务运营企业以及个人用户在内的不同类型用户，提供汽车综合服务与管理功能，共享汽车与道路交通数据，从而支持新型的服务形态和商业运营模式。

2.3.2 车联网关键技术

车联网将多种先进技术有机地运用于整个交通运输管理体系，从而建立起的一种实时、准确、高效的交通运输管理和控制系统，由此也衍生出诸多增值服务。

车联网是车、路、人之间的网络，车联网中的传感技术应用主要是车的传感器网络和路的传感器网络。车的传感器网络又可分为车内传感器网络和车外传感器网络。车内传感器网络是向人提供关于车辆状况信息的网络，车外传感器网络是用来感应车外环境状况的传感器网络。路的传感器网络指由铺设在路上和路边的传感器构成的网络，这些传感器用于感知和传递路的状况信息。无论是车内、车外、还是道路的传感器网络，都起到了对车内状况和环境感知的作用，整合传感网络信息，将成为车联网中重要的也是极具特色的技术发展内容。

就像互联网络中的电脑、移动互联网中的手机，车载终端是车主获取车联网最终价值的媒介，是网络中最为重要的节点。无论多好的触摸体验，对驾车者来说，在行车过程中触摸操作终端系统都是不安全的,因此语音识别技术显得尤为重要,它将成为车联网发展的助推器。除了语音识别要用到云计算技术外,很多应用和服务的提供都要采用服务端计算、云计算的技术。车联网主要依赖两方面的通信技术:短距离无线通信技术和远距离移动通信技术。车联网的本质是物联网与移动互联网的融合,通过整合车、路、人的各种信息与服务,最终为人们提供服务。

2.4 国内外车联网的发展现状

我们可以想象一下,在未来的世界里,车与车之间能够通过"互相交流"来避免或者减少交通事故的发生。不仅如此,汽车还能够与交通信号系统"对话",以减少不必要的停车;驾车出行可以根据不同的模式和路径规划,能够随时了解到达目的地的时间;交通管理人员通过搜集的数据,可以尽可能准确地掌握多模式化交通系统的运行表现。

如果要实现这样的愿景,车联网将在其中扮演至关重要的角色。也就是说,车与车之间能够联网,车与道路基础设施之间可以联网,汽车、道路基础设施和行人的无线移动设备之间均可以通过网络建立联系。不过要让这样的设想变为现实,既要制订一套严格规定的解决方案,还要探索所涉及的车联网技术、应用及政策方面的问题。

2.4.1 美国车联网的发展状况

美国作为车联网应用的先行国家,很早就开始了对车间通信标准的制定工作。2002—2004年,美国开始执行车辆安全计划。该计划同时测试了多种无线通信技术,以评估它们能否满足行车安全应用的通信要求。2003年,美国提出了车辆基础设施一体化的设想,VII是美国交通部制定的一个五年战略规划,该计划希望将美国生产的所有车辆上装备通信设备以及GPS模块,从而能与全国性的道路网进行数据交换。

2009年,为了强调交通安全的重要性,美国交通部将VII更名为IntelliDrive,即新的五年战略规划,其全称为"智能交通系统战略计划"。该战略计划的目的是利用无线通信建立一个全国性的、多模式的地面交通系统,形成一个车辆、道路基础设施和乘客的便携式设备之间相互连接的交通环境,从而最大限度地保障交通运输的安全性、灵活性以及对环境的友好性。此战略计划是在VII的基础上深化研究车路协同控制,强调用人、车、路一体化方法来解决现代交通所存在的严重问题,其研究重点为车路/车车通信与协同控制。

2011年,美国交通部和9个知名整车厂商开展了"V2V Driver Acceptance Clinics"项目。该项目测试了在不同地理位置和不同环境下,基于专用短程通信技术(Dedicated Shert Range Communications,DSRC)的V2V安全系统的性能和可靠性,以及驾驶员对主动安全系统的认可程度。随后,又在密西根安娜堡开展了"Safety Pilot Model Deployment",全称为"美国安全驾驶模型"项目。2014年,美国交通部提出了ITS新的五年战略规划,将重点放在实现汽车互联技术和推进车辆自动化上。2016年,美国交通部发布了《联邦机动车安全标准——第150号》,要求所有轻型新车安装V2V通信设备,确保车辆和车辆之间能够发送和接收基本安全信息。其中,V2V通信将DSRC作为车与车之间通信的统一标准。

2.4.2 欧盟各国车联网的发展状况

"以项目促发展"是欧洲车联网产业的一个显著特点,欧洲的车联网把交通信息和安全作为主要的攻坚方向。2009年8月,欧盟通过一份政策文件,该文件要求欧盟27个成员国的政府及相关行业落实eCall计划。eCall计划是指在车辆内安装一个黑匣子,当汽车发生重大交通事故时,系统能自动拨打欧盟国家的统一急救电话112。欧盟要求其各成员国从2011年开始推行这项计划,并必须于2014年对全部车辆安装完毕。各大汽车制造商和运营商同时利用这个机会提供其他在线服务。

2.4.3 日本车联网的发展状况

比起美国的汽车工业,日本是该行业的后起之秀,汽车厂商电子化是其最有力的竞争法宝。日本车联网的发展,初期主要由丰田、本田和日产三大汽车巨头推动,其目的是依托整车来提升汽车用户的体验和增强用户黏性。此后,伴随着高速移动通信4G网络的普及和汽车大数据云服务的兴起,NEC日本电气股份有限公司、日立等日本IT巨头也相继涌入车联网的阵营。

值得提及的是,日本的道路交通信息通信系统(Vehicle Information and Communication System,VICS)是在本土普遍开展、具有较高层次的车联网信息系统。该系统于1996年正式提供信息服务,2003年已基本覆盖全国。日本的VICS是一种将道路拥挤、交通限制等道路交通情报即时地向车载导航器发送的系统。截至2013年年底,日本安装该系统的车辆已超过3 000万辆。

日本最具代表性的步入车联网的企业是本田汽车公司。早在1981年,该公司就与日本消费电子厂商阿尔派合作,共同研发和推出了世界第一款陀螺仪车载导航系统,并将其嵌入销量火爆的雅阁汽车上,开启了车联网之门。1997年,本田公司又率先推出了车联网服务Internavi,与移动互联网相融合,增强了汽车用户的黏性。此后,丰田和日产两大车企也相继开启车联网服务G-Book和CarWings。

2.4.4 我国车联网的发展状况

近年来,我国在物联网技术研发和标准研制方面取得了一定的突破,这些突破将成为车联网技术发展的重要基础。2010年,科技部现代交通技术领域发布了与车联网相关的主题题目——智能车路协同关键技术研究,该题目旨在攻克智能车载系统、智能路侧系统、车与车/车与路协同信息交互与控制等关键技术,形成我国道路交通主动安全保障的核心技术体系。2019年,工业和信息化部部长苗圩谈及5G未来应用场景时就表示,80%的5G应用将用于物和物之间的通信。移动状态的物联网最大的一个市场可能就是车联网,以无人驾驶汽车为代表的5G技术的应用,可能是最早的一个应用。工业和信息化部正在研究推动车联网发展的方案,并已与交通部运输达成知识,加快推动公路数字化、智能化改造。此外,2020年1月11日,在中国电动汽车百人会第六届年度论坛上,宣布2020年新能源汽车补贴不会再次退坡,同时表示我国在道路的改造方面将坚决推行5G LTE-V2X。

我国发展智能网联汽车的意义重大,主要有以下几个方面的原因:第一,交通事故、交通拥堵和环境污染等问题日益突出;第二,我国拥有全球第一大汽车市场及较为强大的通信和互联网产业优势,发展智能网联汽车的基础条件较为丰厚。所以,就像前面说的一样,其他物联网需求,都无法形成车联网这样的规模和体量,也不会拥有车联网这么强大的推动力。

复习思考题二

1. 简述车联网的两种形态。
2. 简述车联网和5G通信技术的关系。
3. 车联网的体系架构可以从哪几方面分类?
4. 车联网的关键技术有哪些?

第 3 章　汽车电子控制技术和诊断系统

3.1　汽车电子控制系统

3.1.1　汽车电子控制系统工作原理

20 世纪 50 年代,电子技术开始进入汽车行业。1957 年 1 月,美国汽车工程师年会在底特律召开,班迪克斯公司(Bendix Corporation,2002 年成为德国克诺尔公司的商用车辆制动系统部门)在会上展示了他们的最新研究成果——电子控制汽油喷射装置(Electrojector)。1958 年,德国博世(Bosch)公司出资购买了这种电子控制汽油喷射装置的技术专利,经过数年的试验和改进,于 1967 年研制出第一台电子控制汽油喷射发动机,简称电喷发动机。电喷发动机提高了燃油效率,降低了尾气排放。我国从 1997 年左右开始采用电喷发动机。随着我国对汽车尾气排放标准的不断提高,国内销售的乘用车大部分都使用电喷发动机。

随着机电一体化嵌入式技术和大规模集成电路等汽车电子技术的发展,20 世纪 70 年代出现了微处理器或微控制器。以微控制器为核心的发动机控制单元(Engine Control Unit,ECU)构成电喷发动机的电子控制系统。此后,ECU 的含义从发动机控制单元变成电子控制单元(Electronic Control Unit),可用于汽车所有部件的电子控制。

电子控制系统工作原理如图 3-1 所示,主要由电子控制单元、传感器、执行器和工作部件组成。电子控制单元通过驾驶操作传感器感知驾驶员的操作意图,通过汽车传感器感知汽车部件的运行状态,基于预设的控制逻辑,控制电磁阀、步进电机、伺服电机、点火线圈、开关和指示等执行器件,进一步控制车辆工作部件,如发动机、刹车、转向器和齿轮箱的工作。自动驾驶时,驾驶人员的操作将被自动驾驶系统代替,电子控制单元接收自动驾驶系统的操作指令,而不是接收驾驶操作传感器的驾驶员控制信号,电子控制单元成为自动驾驶系统的执行子系统。

汽车电子控制系统的核心是微控制器(Microcontroller Unit,MCU),不同电子控制系统之间的传感器和控制数据的传输由汽车总线完成,如 CAN 总线或 FlexRay 总线等。未来汽车总线的发展趋势是车载以太网,用于连接基于多域的控制系统和智能汽车的车载计算平台。因此,汽车电子控制系统既是汽车自动驾驶系统执行子系统,也是某个汽车工作部件的控制系统。

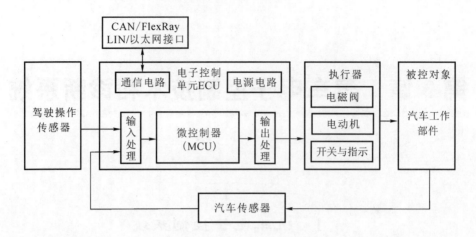

图 3-1 电子控制系统工作原理

ECU 和普通电脑一样,由微处理器、输入/输出处理电路、电源以及通信电路等组成,如图 3-2 所示。ECU 的标准接口与传感器、执行器、电源以及局域网中的其他 ECU 相互连接。

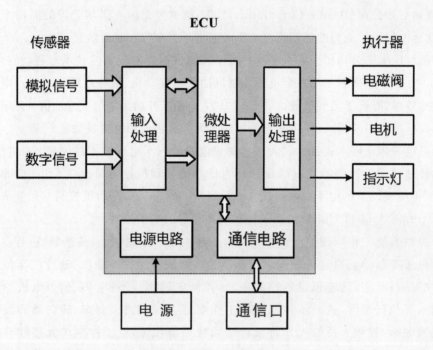

图 3-2 ECU 基本组成

输入电路所处理的输入信号主要有模拟信号和数字信号两种形式。例如,旋涡式空气流量传感器、车速传感器等提供的是数字信号;离合器位置传感器、水温传感器等提供的是模拟信号。输入处理电路基本组成如图 3-3 所示。

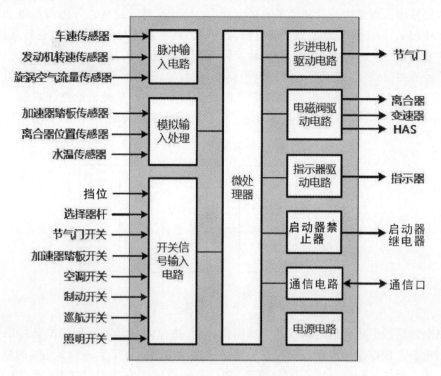

图 3-3 输入处理电路基本组成

数字信号通常需要通过电平转换,才能得到微处理器能够识别的信号,数字信号处理电路转换过程如图 3-4 所示。对于超过电源的电压信号,电压在正、负之间变化的信号,带有噪声以及波动的信号,输入电路也必须对其进行转换处理。

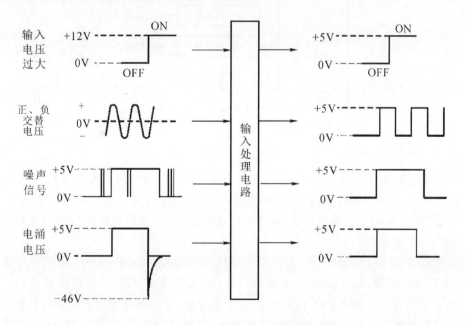

图 3-4 数字信号处理电路转换过程

模拟信号输入通道由滤波和电平变换电路、A/D转换器等组成。传感器测得的电信号受周围电磁场的干扰,一般都有高频干扰电磁波,因此,首先需要对传感器信号进行滤波。同时,传感器的电压信号值一般很小,而A/D转换器所能处理的电压范围由参考电压决定,为了提高模拟信号的测量精度,必须对其进行电平变换,然后输送给A/D转换器,模拟信号处理过程如图3-5所示。A/D转换器可将模拟信号转换为数字信号,并提供给微处理器。控制系统要求A/D转换器具有较高的分辨率。并且,为了保证测控系统的实时性,要求采样时间间隔必须非常小。

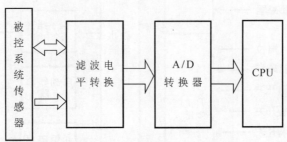

图3-5 模拟信号处理过程

输出电路是根据所控制的执行器类型而设计的,按控制信号可分为模拟量输出通道和数字量输出通道。模拟量输出通道的任务是把微处理器输出的数字量转变为连续的模拟量以控制执行机构。模拟量输出可以有多个通道,每一个通道使用一个D/A转换器,如图3-6所示。需要说明的是,一些微处理器自身便集成有D/A转换器。数字量输出通道的任务是将微处理器输出的数字量转换为执行机构所需的脉冲信号,常常需要设置放大、隔离和驱动电路。

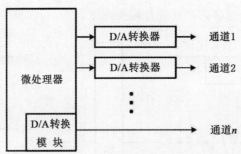

图3-6 模拟量输出通道

以喷油器控制输出电路为例,单片机输出的喷油脉冲信号经过放大器放大,驱动光耦中的发光二极管发光,光电三极管将接收到的光信号转换为电信号。该信号再经三极管VT_1放大,驱动大功率三极管VT_2导通搭铁,喷油器电磁线圈通电,从而达到控制喷油量的目的。图3-7所示为数字量输出通道。

微处理器是ECU的控制中枢,它的功能是根据内部程序,对传感器送来的信号进行运算和判断,并把处理结果,如喷油指令、点火指令等,输送给输出电路,从而控制执行器。汽车电控单元使用的微处理器通常是汽车专用、增强型单片机,是针对汽车较为复杂的震动、高温、低温和恶劣的电磁环境而设计的。有的汽车单片机,已经集成了A/D转换器、D/A转换器和其他专用电路,如DSP模块、CAN模块。

第3章 汽车电子控制技术和诊断系统

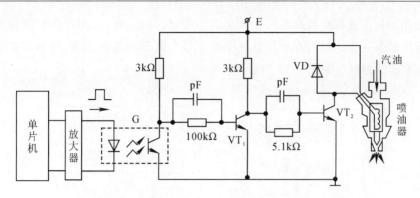

图3-7 数字量输出通道

向 ECU 供电的电路称为 ECU 的电源电路。电源电路包括向单片机、信号处理模块和传感器等供电的低压电源模块以及为驱动电路供电的高压电源模块。电源模块是 ECU 的核心模块之一,其响应速度及可靠性直接影响整个 ECU 的工作性能。电源模块须在各种恶劣环境下可靠地工作。例如,当发动机启动时,汽车蓄电池电压有较大波动,此时电源电路必须保证系统能够正常工作。

通信电路包括 CAN、FlexRay、LIN(Local Interconnect Network)等汽车总线和车载以太网。通过通信电路,不仅可以方便地实现对 ECU 的调试,还可以进行 ECU 的程序升级以及故障诊断。通过通信电路,ECU 还可以与车内其他 ECU 形成局域网,实现数据共享,ECU 局域网如图3-8所示。

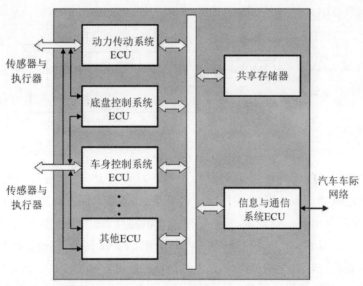

图3-8 ECU局域网

ECU 的控制程序支配电控系统完成管理、数据采集、计算处理、输出控制、系统监控与自诊断等功能,控制程序随控制系统所完成任务的不同而不同。最初,控制器 ECU 的软件和硬件紧密地集成在一起,很难实现软件的便携性和重复性。2003年,汽车开放系统架构联盟成立,该联盟提供了标准的 ECU 接口定义,从而使设计人员能够制定每个汽车 ECU 中都需要的可重复使用的标准化软件层和组件。该标准不受硬件的影响,应用软件和硬件平台是相互独立的。应用软件开发人员可在应用软件中指定各个汽车功能的细节,而不用担心相关软件服务接口,ECU控制程序如图3-9所示。

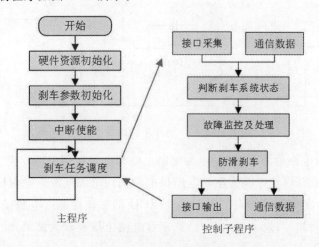

图3-9 ECU控制程序

ECU的控制模式有开环控制和闭环控制两种。开环控制是指无反馈信息的控制方式。闭环控制是指带有反馈信息的控制方式,它是指被控的输出量以一定方式返回到系统的输入端,并对系统施加控制影响的一种控制方式。两者之间的区别主要在于:第一,是否有反馈信息;第二,是否对当前闭环控制起作用。闭环控制模式如图3-10所示。

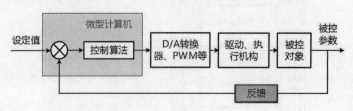

图3-10 闭环控制模式

以燃油的开环控制与闭环控制为例进行说明。发动机ECU对混合气的空燃比控制,是通过控制喷油器的喷油脉宽来完成的。在开环控制中,ECU首先根据发动机的转速和进气量,按理论空燃比计算出基本喷油量,然后结合冷却液温度、进气温度和负荷等实际条件,对基本喷油量进行修正。显然,对于这种开环控制方式,喷油量仅仅是微处理器计算出来的,并不需要对实际的空燃比进行真正的监测。喷油量开环控制过程如图3-11所示。

而事实上,供气系统或供油系统可能会存在着各种偏差。例如,可能会出现进气管漏气、节气门关闭不严以及喷油器漏油等现象。在这种情况下,若采用开环控制,实际空燃比就不在理想空燃比的附近,此时,闭环控制就显得尤为重要。例如,在空燃比的闭环控制系统中,ECU接收到氧传感器反馈的空燃比信息,经过分析、比较及计算后,再对喷油量进行修正,确保实际的空燃比维持在理论空燃比附近。显然,燃油的闭环控制更为精准,燃油也更为节省。喷油量闭环控制过程如图3-12所示。

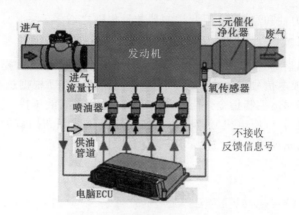

图 3-11 喷油量开环控制过程

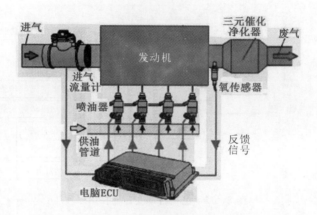

图 3-12 喷油量闭环控制过程

3.1.2 汽车电子控制系统常见应用

汽车电子控制系统的发展动因主要有两个方面：第一，全球能源紧缺、环境保护以及交通安全问题，促使了汽车油耗法规、排放法规以及安全法规的要求不断提高。其中，汽车油耗法规和排放法规日益严格，它们促进了汽车发动机电子控制技术的发展以及汽车油耗水平和排放性能的不断提高。汽车安全法规促进了汽车底盘和车身电子控制技术的发展，使汽车更加安全可靠。第二，电子行业科技技术水平的不断提高，促使控制系统得以广泛应用于汽车中。

一般来说，汽车电子控制系统可分为动力系统、底盘安全系统、车身电子系统、信息娱乐系统和诊断系统五大类。动力系统包括除发动机管理系统之外，还有新能源汽车的动力系统；底盘和安全系统则包括电子变速器控制、制动防抱死、安全气囊、电控悬架和电动助力转向等系统；车身电子系统包括灯光控制、雨刮洗涤、电动座椅、门锁防盗、电动车窗、后视镜、喇叭、空调控制和仪表显示等系统。由于汽车控制器种类不断增多，其在汽车上的数量也从最初的几个，达到现在 20~60 个之多，部分高端车型甚至可以达到 100 个以上。

1. 发动机电子控制系统

发动机电子控制系统的主要功能是控制燃油喷射的空燃比和点火时刻。除此之外，还有控制发动机启动、怠速、极限转速、废气再循环、闭缸工作、二次空气喷射、进气增压、爆震、发电机输出电压、电动燃油泵和系统自诊断等辅助功能。所有这些系统的设置都是为了减少污染排放，提高汽车的动力性和经济性，因此控制器数量也随之增多。

2. 自动变速控制器

自动变速器是从各传感器感知自动变速器液压油温以及驾驶员操纵挡位开关位置等信息，将这些信息转换成电信号后输入变速器 ECU。变速器 ECU 根据这些信号，按照设定的换挡规律向换挡电磁阀发出控制指令，并通过换挡阀产生相应的液压控制信号，使相关的换挡执行器（如离合器、制动器、伺服电机）等动作，从而控制换挡时刻和挡位的变换，实现自动变速。电控自动变速器控制原理如图 3-13 所示。

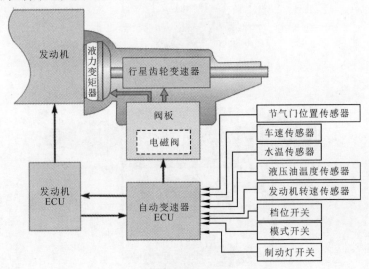

图 3-13 电控自动变速器控制原理

3. 电子控制悬架系统

电子控制悬架系统的作用是使汽车悬架的工作从被动吸收转变到主动适应，以保证车辆在不同道路条件下，满足乘坐的舒适性和安全性需求。该系统通过传感器感知车身高度位移量、转向盘转向角度、车速和制动开关等信号，经悬架 ECU 处理后，控制电磁阀或步进电机以改变悬架中可调弹簧刚度、减震器阻尼力进而改变车身高度，以适应各种行驶工况下对悬架特性的要求。电子控制悬架系统工作原理如图 3-14 所示。

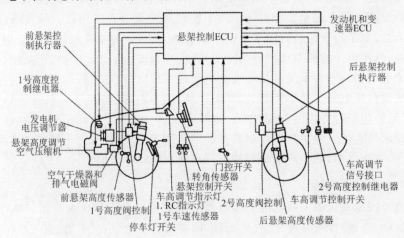

图 3-14 电子控制悬架系统工作原理

第3章 汽车电子控制技术和诊断系统

4. 电动助力转向系统

电动助力转向系统的控制 ECU 通过方向盘转角、力矩传感器感知驾驶员的转向意图,结合车速信号向转向电机发出指令,使电动机输出相应大小和方向的助力力矩,从而减轻驾驶员施加在方向盘上的力。电动助力转向系统控制原理如图 3-15 所示。

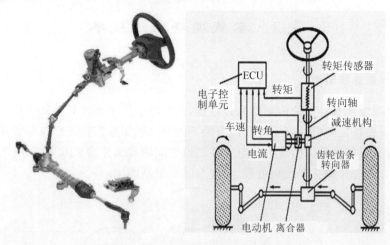

图 3-15 电动助力转向系统控制原理

对于纯电动汽车来说,其电子控制系统主要包括整车控制系统、电机控制系统和电池管理系统。整车控制器对各个环节进行管理、协调和监控,以提高整车能量利用效率,确保其安全性和可靠性。整车控制器通过相关传感器采集驾驶信号,通过 CAN 总线获得电机和电池系统相关信息,并进行分析和运算,通过 CAN 总线给出电机控制系统和电池管理系统指令,实现整车驱动控制、能量优化控制和制动回馈控制。另外,整车控制器还具有组合仪表接口功能,可显示整车状态信息,具备完善的故障诊断和处理功能以及整车网关及网络管理功能等。纯电动汽车整车系统总体设计如图 3-16 所示。

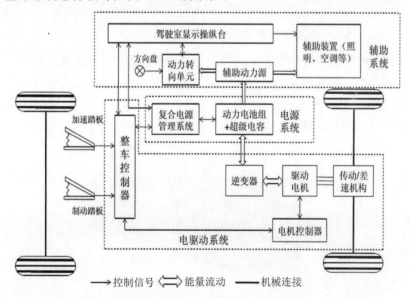

图 3-16 纯电动汽车整车系统总体设计

汽车各部件之间需要协同工作，如自动变速器与发动机之间的配合，在换挡过程中需要发动机减少喷油，油门踏板的踩踏力度变化时需要调整变速器的挡位，这都要求在各子系统 ECU 之间共享数据。解决办法就是通过汽车内部的 CAN 总线网络，在 ECU 之间进行数据交换。

3.2 车载现场总线技术

3.2.1 车载总线概述

电子控制系统都有自己的传感器和处理器，但是电子控制器之间需要进行数据交换，例如加大油门时，需要将发动机管理系统对油门踏板的力度感知数据传送给自动变速器的控制器，以降低自动变速器的挡位。传统汽车电子控制器之间的数据传输采取如图 3-17 所示的全连接方式，这种方式会导致整车线束数量、长度与质量急剧增加。

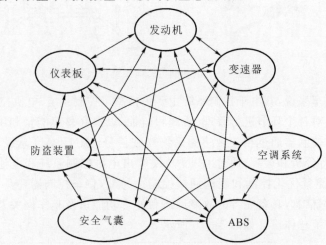

图 3-17 传统汽车电子控制器的全连接方式

21 世纪以来，汽车电子化程度越来越高，汽车上的电子控制系统越来越多。汽车电子控制器由最初使用几个到现在使用数量已达几十个甚至上百个，数量庞大的线束与插接器会增加布线的难度，降低车内空间利用率与车辆电气系统的可靠性。图 3-18 所示为装备 3 个电子控制单元的车内总线布置情况。

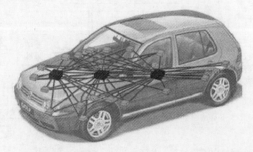

图 3-18 装备 3 个电子控制单元的汽车内部的电线(线束)布置

据统计,在一辆采用传统布线方法的高档汽车中,其导线长度可达2 000 m,电气节点可达1 500个,而且该数字大约每10年就会翻倍,这进一步加剧了粗大的线束与汽车上有限可用空间两者之间的矛盾。

1. 汽车总线概述

无论从材料成本还是工作效率看,传统布线方法都不能适应现代汽车的发展。另外,为了满足各电子系统的实时性要求,须对汽车公共数据(如发动机转速、车轮转速、节气门踏板位置等信息)实行共享,而每个控制单元对实时性的要求又各不相同。为了减少成本、简化线路和提升车辆电气系统的可靠性,在借鉴计算机网络技术和现代控制技术的基础上,汽车总线应运而生。

汽车总线是指汽车内部导线采用总线控制的一种技术,它将各种汽车电子装置连接成为一个网络,通过总线发送和接收信息。电子控制系统除了独立完成各自的控制功能外,还可以为其他控制装置提供数据服务。由于使用了网络化的设计,简化了布线,减少了电气节点的数量和导线的用量,装配工作更为简化,同时也增加了信息传送的可靠性。通过总线可以访问任何一个电子控制装置,读取故障码对其进行故障诊断,使整车维修工作变得更为简单。

2. 总线的类型

为了方便研究和设计应用,美国汽车工程学会(Society of Automotive Engineers,SAE)的汽车网络委员会按照系统的复杂程度、传输流量、传输速率、传输可靠性和动作响应时间等参量,将汽车总线划分为A、B、C、D 4种类型。

(1) A类总线。面向传感器或执行器管理的低速网络,它的位传输速率(位速率)通常小于20 kb/s。A类总线以LIN总线规范最有应用前景,如图3-19所示。它是由摩托罗拉(Motorola)与奥迪(Audi)等知名企业联手推出的一种新型低成本的开放式串行通信协议,主要用于车内分布式电控系统,尤其是面向智能传感器或执行器的数字化通信场合。

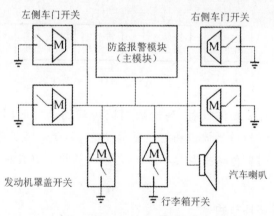

图3-19 基于LIN总线的A类总线系统

(2) B类总线。面向独立控制模块间信息共享的中速网络,它的位速率一般在10~125 kb/s之间。B类总线以CAN总线最为著名,如图3-20所示。CAN网络最初是博世公司为欧洲汽车市场所开发的,只用于汽车内部测量和执行部件间的数据通信,逐渐地发展完善技术和功能。1993年,国际标准化组织(ISO)正式颁布了道路交通运输工具——数字信息交换高速通信控制器局域网国际标准(ISO 11898-1)。B类总线主要应用于车身电子的舒适型模块和显示仪表等设备中。

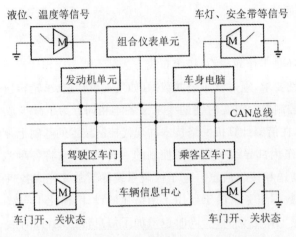

图 3-20 基于 CAN 总线的 B 类总线系统

(3) C 类总线。面向闭环实时控制的多路传输高速网络,它的位速率多在 125 kb/s~1 Mb/s 之间。C 类总线主要用于车上动力系统中对通信的实时性要求比较高的场合,主要服务于动力传递系统,如图 3-21 所示。在欧洲,汽车厂商大多使用"高速 CAN"作为 C 类总线,它实际上就是 ISO 11898-1 中位速率高于 125 kb/s 的那部分标准。

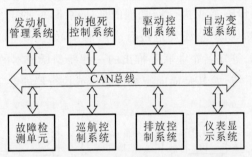

图 3-21 基于 CAN 总线的 C 类总线系统

(4) D 类总线。面向多媒体设备、高速数据流传输的高性能网络,它的位速率一般在 2 Mb/s 以上,主要用于 CD 等播放机和液晶显示设备。D 类总线近些年才被纳入 SAE 对总线的分类范畴之中。其带宽范畴相当大,用到的传输介质也有好几种,分为低速、高速和无线三大范畴。

3. 汽车总线系统的实际结构

由于汽车上不同控制系统对信息传输的要求不尽相同,所以在汽车上针对不同的控制系统采用了各具特色的总线技术,然后利用网关把这些性能各异、各具特色的总线整合为一体,以此降低构成成本。但功能完善的整车网络,为实现"人尽其才,物尽其用"的目的,遵循这一指导思想,汽车总线结构采用多条不同速率的总线,分别连接不同类型的节点,并使用网关服务器来实现整车的信息共享和网络管理,如图 3-22 所示。

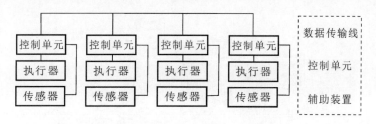

图3-22 总线中的节点

(1)动力传动系统的数控对象、发动机自动变速器、动态稳定控制系统等,直接关系汽车的动力性能、经济性能和行驶状态,对数据通信也就是信息交换的快速性、实时性要求较高,因此,在动力传动系统内须使用高速总线进行信息传输,动力传动系统传感器的各种状态信息可以用广播的形式在高速总线上发布,各节点可以在同一时刻根据自己的需要获取信息,这种方式最大限度地提高了通信的实时性。

(2)对于车身系统和舒适型控制系统,其受控器件多为低速电动机和各种开关,如车门门锁、电动机、车窗玻璃升降、电动机、座椅调节电动机以及各种按钮开关等,这种器件对信息传输的实时性要求不高,但其数量众多。因此,在车身系统和舒适型控制系统内部使用低速总线进行信息传输就可以满足要求。

(3)汽车影音娱乐系统,亦称车载多媒体系统,车载多媒体系统需要传输的信息量大,而且对通信速率的要求也高,一般在2 Mb/s以上,以铜质导线为传输介质的数据总线难以满足要求。因此,在汽车影音系统中多采用光导纤维(光纤)为传输介质的光学总线系统,如数字数据总线(Domestic Digital Bus,DDB)、多媒体数据传递(Media Oriented Systems Transport,MOST)总线等。

(4)作为汽车上最重要的被动安全措施,安全气囊系统的控制对信息传输速度要求很高,在车载网络技术发展的早期,一般把安全气囊纳入车身系统加以控制,随着技术的不断发展,目前已经开发出专门用于气囊系统控制的安全总线系统,如Byteflight等。

3.2.2 CAN总线

CAN总线是德国博世公司为了解决现代汽车中众多的控制与测试仪器之间的数据交换而开发的一种串行数据通信协议,是目前车载网络系统的主流标准之一。

1. CAN总线的组成

CAN总线的基本系统由多个控制单元和两条数据线组成。这些控制单元通过所谓的收发器,并联在总线导线上。数据总线犹如高速公路,总线机制犹如"公交车",载运着"乘客"(也就是数据)在各个车站即控制单元之间穿梭,完成"乘客"即数据的运输工作,这也是为什么总线在英文中被称为BUS,如图3-23所示。

CAN总线上各个控制单元的条件是相同的,也就是说,所有控制单元的地位均相同,没有哪个控制单元有特权,从这个意义上讲,CAN总线也称多主机结构,其数据传输是按顺序连续完成的。原则上CAN总线用一条导线就可以满足功能要求,但CAN总线系统上还是配备了第二条导线,且两根导线互相缠绕在一起,称为双绞线。这两根导线中一根导线称为高速CAN总线,另一根导线称为低速CAN总线,如图3-24所示。

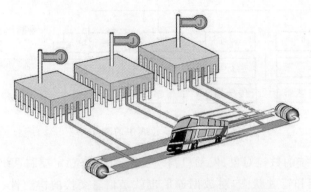

图 3-23 CAN 总线的数据传输与"公交车"载运"乘客"相似

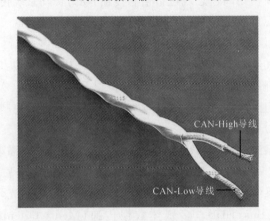

图 3-24 CAN 的双绞线结构

在双绞线上,信号是按相反相位传输的,这样可有效抑制外部干扰。汽车的动力系统、底盘和安全系统,对实时性和可靠性有较高的要求,通常会采用高速 CAN 总线;汽车的动力系统包括燃油汽车的发动机、电动汽车的整车控制、电机控制和电池管理系统等,底盘和安全系统包括变速系统、制动防抱死系统、电控悬架、安全气囊、电力转向系统等,车身电子系统及其舒适性电子控制单元都连接到低速 CAN 总线上,例如灯光控制、电动座椅、门锁防盗、电动车窗、后视镜、喇叭、空调控制和仪表显示等通常采用低速 CAN 总线。这两种类型的总线结构如图 3-25 所示。

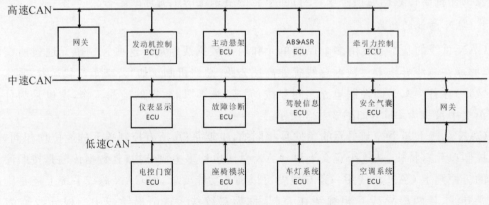

图 3-25 两种类型的总线结构

2. CAN 总线的数据结构

如图 3-26 所示，CAN 总线所传输的每条完整信息由 7 个区构成，分别是开始区、状态区、检验区、数据区、安全区、确认区和结束区。信息最大长度为 108 b，下来详细介绍每一个组成部分的功能。

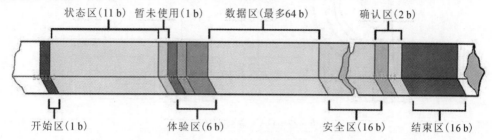

图 3-26　CAN 总线的信息结构

(1) 开始区。开始区长度为 1 b，标志数据开始传输。

(2) 状态区。状态区长度为 11 b，用于确定所传输数据的优先级。如果在同一时刻有两个控制单元都想发送数据，则优先级高的数据先行。

(3) 检验区。检验区长度为 6 b，用于显示数据中的数据数量，以便让接收器即接收数据的控制单元，检验自己接收到的来自发送器即发送数据的控制单元的数据是否完整。

(4) 数据区。其长度不确定，视具体情况而定，最大长度为 64 b，是信息的实质内容。

(5) 安全区。安全区长度为 16 b，用于检验数据在传输中是否出现错误。

(6) 确认区。确认区长度为 2 b，是数据接收器对数据发送器发出信息的确认，表示接收器已经正确、完整地接收了发送器发送的数据。如果检测到在数据传输中出现错误，则接收器会迅速通知发送器，以便重新发送该数据。

(7) 结束区。结束区长度为 7 b，标志着数据传输的结束。

3. CAN 总线的传输原理

目前，CAN 总线系统中的信号是采用数字方式经铜导线传输的，其最大稳定传输速度可达 1 Mb/s，大众和奥迪公司将最大标准传输速度规定为 500 kb/s。数据总线在发送信息时，每个控制单元均可接收其他控制单元发送的信息。在通信技术领域，也把该原理称为广播，就像一个广播电台发送广播节目一样，每个广播网范围内的用户，如收音机，均可接收，这种广播方式可以使得连接的所在控制单元总是处于相同的信息状态。如图 3-27 所示，CAN 总线的数据传输类似于"电话会议"，一个电话用户控制单元将数据"讲"入网络中，其他用户通过网络"接听"这个数据。对这个数据感兴趣的用户就会记录并使用该数据，而其他用户可以选择忽略，对该数据不予理睬。

为了方便说明数据传输的基本原理，下面用只有 1 条 CAN 总线导线的情况来进行阐述。想要传输的数据称为信息，每个控制单元均可发送和接收信息。信息包含有重要的物理量，如发动机转速、冷却液温度等，在进行数据传输时，首先要把物理数据转变为一系列二进制数，如发动机转速为 1 800 r/min，可表示成 00010101。在发送过程中，二进制数先被转化成连续的比特流，也就是信息流，该比特流通过发送线到达收发器，收发器将比特流转化成相应的电压值，最后这些电压值按时间顺序依次被传送到 CAN 总线的导线上。在接收过程中，这些电压值经收发器又转化成比特流，再经接收线传至控制单元，控制单元将这些二进制连续值转化成信息,00010101 这个值又被转化成 1 800 r/min。

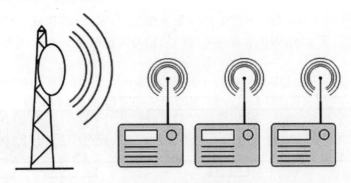

图 3-27 CAN 总线的传输原理

4. CAN 总线系统的结构特点

(1)可靠性高。系统能将不论是由内部还是外部引起的数据传输故障准确地识别出来。

(2)使用方便。如果某一控制单元出现故障,其他控制单元还可以保持原有功能,以便信息进行交换。

(3)数据密度大。所有控制单元在任一瞬时的信息状态均相同,这样就使得控制单元之间不会有数据偏差。如果系统的某一处有故障,那么总线上所有连接的元件都会得到通知。

(4)数据传输快。连成网络的各个控制单元之间的数据交换速度快。

(5)采用双线传输,抗干扰能力强,数据传输的可靠性高。

5. CAN 总线系统的优点

(1)控制单元间的数据传输都在同一个平台上进行,这个平台称为协议,CAN 总线起到数据传输(类似于高速公路)的作用。

(2)可以很方便地实现用控制单元来对系统进行控制,如发动机控制、变速器控制和 ESP 控制等。

(3)可以很方便地加装选装装置,为技术进步创造了条件,为新装备的使用提供了可能。

(4)CAN 总线是一个开放系统,可以与各种传输介质进行适配,如铜线和光导纤维(光纤)。

(5)对控制单元的诊断,可通过 K 线来进行,车内的诊断有时通过 CAN 总线来完成(如安全气囊和车门控制单元),称为"虚拟 K 线"。随着技术的进步,以后有逐步取消 K 线的趋势。

(6)可同时通过多个控制单元进行系统诊断。

3.2.3 FlexRay 总线

随着汽车控制技术向智能化方向发展,智能网联汽车、无人驾驶汽车兴起,车载控制元件不断增加。通过 CAN 总线、LIN 总线实现联网的方式接收、发送并处理大量的数据已经难以满足要求,而传输速率更高、容错功能更强、拓扑选择更全面、同时具备事件触发和时间触发的新型数据总线——FlexRay 总线应运而生。FlexRay 是一种高速的、可确定性的、具备故障容错能力的汽车总线技术,是继 CAN 和 LIN 之后的最新研发成果,可以有效管理多重安全和舒适功能,如 FlexRay 适用于线控操作。目前,FlexRay 总线已成为车载网络系统的标配,将在今后引领车载网络系统的发展方向。

FlexRay 是戴姆勒克莱斯勒公司的注册商标。1999 年,宝马与戴姆勒克莱斯勒以及半导体制造商飞思卡尔、飞利浦合作创建了FlexRay协会。从2002年至今,福特汽车公司、马自达和西门子VDO也相继加入该协会,在此期间,世界范围内几乎所有有影响力的汽车制造商和供应商都加入了FlexRay协会。

FlexRay作为一种新型通信系统,目标是在电气设备与机械电子组件之间实现可靠、实时、高效的数据传输,以确保满足未来新的车载网络技术的需要。作为车载网络系统的标准,FlexRay具有以下优点:

(1)数据传输速率较高,可达10 Mb/s,而CAN总线仅为0.5 Mb/s;
(2)确定性(实时)传输;
(3)数据通信可靠;
(4)支持系统集成。

1. 总线拓扑结构

FlexRay总线系统可以以不同的拓扑结构和安装形式安装在车内,既可采用线形总线拓扑结构,也可以采用星形总线拓扑结构,还可以采用混合总线拓扑结构。

如图3-28所示,在线形总线拓扑结构中,所有控制单元都通过一个双线总线连线。该总线采用两根铜芯双绞线,CAN总线也使用这种连接方式。线形拓扑结构在两根导线上传输相同的信息,但电平不同。线形拓扑结构所传输的差分信号不易受到干扰,仅适用于电气数据的传输。

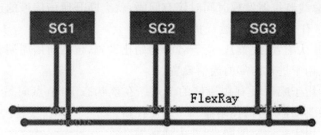

图3-28 线形总线拓扑结构

如图3-29所示,在星形总线拓扑结构中,卫星式控制单元分别通过一个独立的导线与中央主控制单元连接。这种星形拓扑结构既适用于电气数据的传输,也适合于光学数据的传输。

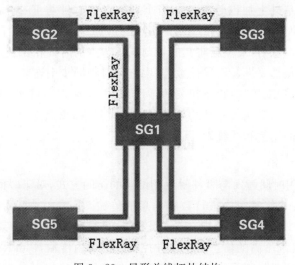

图3-29 星形总线拓扑结构

在混合总线拓扑结构中,在同一总线系统内可以使用不同的拓扑结构。总线系统的一部分采用线形结构,另一部分采用星形结构。这两种拓扑均支持双通道 ECU,这种 ECU 集成多个系统级功能,以节约生产成本并降低复杂性。双通道架构提供冗余功能,并使可用带宽翻了一番。每个通道的最大数据传输率达到 10 Mb/s。目前,FlexRay 主要应用于事关安全的线控系统和动力系统,在宝马(BMW)的高端车上有应用。

2. FlexRay 的数据传输速率

FlexRay 的最大数据传输速率为每通道 10 Mb/s,明显高于在车身和动力传动系统所用的数据总线的传输速度,以前只有使用光导纤维才能达到该数据传输速率。除较高的宽带外,FlexRay 还支持确定性数据传输且能以容错方式进行配置,即个别组件失灵后,其余的通信系统仍能可靠地继续工作。

3. FlexRay 节点运算

每个 FlexRay 节点都包括一个控制器和一个驱动器部件。控制器部件包括一个主机处理器和一个通信控制器。驱动器部件通常包括总线驱动器和总线监控器(可选择)。总线驱动器将通信控制器与总线相连接,总线监控器监视接入总线的连接。主机通知总线监控器通信控制器分配了哪些时槽。接下来,总线监控器只允许通信控制器在这些时槽中传输数据,并激活总线驱动器。若总线监控器发现时间时序有间隔,就会断开通信信道的连接。

FlexRay 的节点有几个基本的运行状态:

(1)配置状态(默认配置/配置)。用于各种初始化设置,包括通信周期和数据传输速率。

(2)就绪状态。用于进行内部的通信设置。

(3)唤醒状态。用于唤醒没有在通信的节点。在该状态下,节点向另一节点发送唤醒信号,唤醒并激活总线驱动器、通信控制器和总线监控器。

(4)启动状态。用于启动时钟同步,并为通信做准备。

(5)正常状态(主动/被动)。可以进行通信的状态。

(6)中断状态。表明通信中断。

FlexRay 节点还有与错误处理相关的状态转移。这些转移是在时钟同步和时钟校正错误的错误计数器的数值基础上加以管理的。当个别节点的时钟与 FlexRay 同步节点时钟有所出入时,就会出现时钟校正错误。FlexRay 网络有一个或一个以上传输同步信息的同步节点。在收到任意一条同步信息后,节点会将其时钟与同步节点的时钟相比较,并根据同步需要做出必要的变化。每个节点都要进行错误计数,其中包括时钟同步中连续发生错误的次数。同时,节点还要监测与帧转移(或接收)状态相关的错误,其中包括语法错误、内容错误、总线干扰错误以及转移冲突所导致的错误。一旦某节点发现该类错误,就会通知主机处理器。错误计数器的使用取决于应用的用途和系统设计。

4. 实时信息传输

FlexRay 总线采用时间触发与事件触发相结合的访问方式,对于时间要求高的信息,可实现实时信息传输,即在规定时间内进行数据信息的传输。FlexRay 总线系统在时间控制的区域内按时隙分配信息。一个时隙是指一个规定的时间段,该时间段对某一信息(比如转速信号)开放。对于时间要求不高的信息则在事件控制的区域内传输,FlexRay 总线对于重要的周期性信息一般以固定的时间间隔传输,确定性信息传输用于确保时间控制区域内的每条信息都能实现实时传输。因此,FlexRay 总线能保证即使系统过载也不会导致重要信息发送延迟。CAN 总线主要采用事件触发方式,有时会因为传送的信息过多、过于集中,造成总线系统过载而导致一些信息发送迟滞,影响控制的精准性。

3.2.4 LIN 总线

CAN 总线系统虽然已广泛应用于车内网中,并且具有高总线速度、高抗干扰、高抗电磁干扰性和高传输可靠性等优越的性能,但是价格也比较昂贵。由于汽车结构复杂,构成车辆网络系统的各个模块需要传输的数据流量、数据传输速率等要求各不相同,大量的车身和安全性能方面的应用对车用网络总线的性能要求并不太高,而是需要一种性价比更高的标准车用网络总线,LIN 总线正好可以满足这个要求。

LIN 总线所控制的控制单元一般都分布在距离较近的空间内,如车顶、仪表台和车门等处,所以 LIN 也被称为"局域子系统"。目前 LIN 总线在汽车上的应用领域主要有防盗系统、自适应前照灯、氙气前照灯、驾驶人侧开关组件、外后视镜、中控门锁、电动天窗、空调系统的鼓风机和加热器控制等。

汽车上各个 LIN 总线系统之间的数据交换,是由控制单元通过 CAN 数据总线实现的。LIN 总线系统可让一个 LIN 主控制单元与最多 16 个 LIN 从控制单元进行数据交换。LIN 总线系统的突出特点是单线式总线,仅靠一根导线传输数据。LIN 总线的导线最大长度不能超过 40 m,最大从节点(即从属控制单元)数为 16 个。奥迪车系 LIN 导线的底色是紫色,有标志色。LIN 导线的横截面面积为 0.35 mm^2,无须屏蔽。

如图 3-30 所示,LIN 总线系统的构成有三个部分:LIN 上级控制单元,即 LIN 主控制单元;LIN 从属控制单元,即 LIN 从控制单元;单根导线。

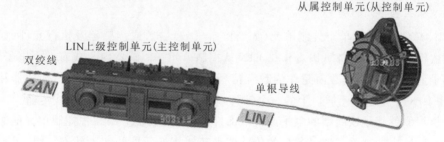

图 3-30 LIN 总线系统的构成

1. LIN 主控制单元

LIN 主控制单元连接在 CAN 数据总线上,主要执行以下功能:

(1)监控数据传输过程和数据传输速率,发送信息标题。

(2)LIN 主控制单元的软件内已经设定了一个周期,该周期用于决定何时将哪些信息发送到 LIN 数据总线上多少次。

(3)LIN 主控制单元在 LIN 数据总线系统的 LIN 控制单元与 CAN 总线之间起翻译作用,它是 LIN 总线系统中唯一与 CAN 数据总线相连的控制单元。

(4)通过 LIN 主控制单元进行与之相连的 LIN 从控制单元的自诊断。

LIN 总线的信息结构如图 3-31 所示,包括 9 个组成部分:1 为同步间隔、2 为同步区域、3

为标识符、4为起始、5为停止、6为数据区域、7为校验区、8为信息标题、9为信息段。

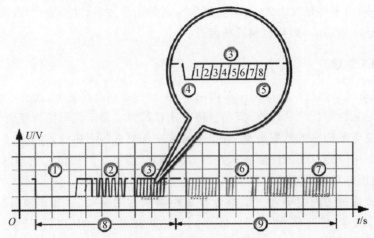

图3-31 LIN总线的信息结构

每条信息的开始处都通过LIN总线主控制单元发送一个信息标题。该信息标题由一个同步相位构成，后面是标识符字节，可传输2B、4B或8B的数据。

标识符字节包括LIN从控制单元地址、信息长度和用于信息安全的两个位等信息。标识符用于确定主控制单元是否将数据传输给从控制单元，或主控制单元是否在等待从控制单元的回应，也就是答复；信息段包含发送给从控制单元的信息；校验区可为数据传输提供更高的安全性，校验区由主控制单元通过数据字节构成，位于信息结束处。LIN总线主控制单元以循环形式传输当前信息。

2. LIN从控制单元

在LIN总线系统内，单个控制单元（如新鲜空气鼓风机）或传感器及执行元件（如水平传感器及防盗报警蜂鸣器），都可以看作是LIN从控制单元。传感器内集成有一个电子装置，该装置对测量值进行分析，其数值是作为数字信号通过LIN总线传输的，有些传感器和执行元件，只使用LIN主控制单元插口上的一个针脚，就可以实现信息传输，即单线传输。

LIN执行原件都是智能型的电子或机电部件，这些部件通过LIN主控制单元的数字信号接受任务。LIN主控制单元通过集成的传感器来获知执行元件的实际状态，然后进行规定状态和实际状态的对比，并发出相应的控制指令。只有在LIN主控制单元发送出控制指令后，传感器和执行器才会做出反应，执行主控制单元的控制指令。例如，电动遮阳卷帘和空调出风口伺服电动机的控制，都是按照这个控制原理工作的。

LIN从控制单元等待LIN主控制单元的指令，仅根据需要与主控制单元进行通信。如果要结束休眠模式，LIN从控制单元可自行发送唤醒信号。LIN从控制单元安装在LIN总线系统设备上。

3. LIN总线的数据传输

(1)传输速率。LIN总线的数据传输速率为1~20 kb/s，在LIN控制单元的软件内已经设定完毕，该速率最大能达到CAN总线数据传输速率的1/5。

(2)信号电平。如果无信号发送到LIN数据总线上或者发送到LIN数据总线上的是一个隐性电平,那么数据总线导线上的电压就是蓄电池电压。为了将显性电平传到 LIN 数据总线上,发送控制单元内的收发报机将数据总线导线接地。由于控制单元内的收发报机有不同的型号,所以表现出的显性电平是不一样的。

(3)传输安全性。LIN 总线在收发隐性电平和显性电平时,通过预先设定公差值来保证数据传输的稳定性。为了能在有干扰辐射的情况下,仍能接收到有效的信号,实际接收的允许电压要稍高一些。

(4)信息波形。

1)带有从控制单元回应的信息。LIN 主控制单元要求 LIN 从控制单元发送的信息标题里包含这样一些信息,如开关状态或测量值,该回应由 LIN 从控制单元来发送。

2)带有主控制单元命令的信息。LIN 主控制单元通过信息标题内的标志符来要求 LIN 从控制单元发送带有回应内容的数据。该回应由 LIN 主控制单元来发送。

(5)信息标题。信息标题由 LIN 主控制单元按周期发送。信息标题分为同步暂停区、同步分界区、同步区和识别区四部分。

1)同步暂停区。同步暂停区的长度至少为 13 b,它以显性电平发送。这时 13 b 的长度是必须予以保证的,只有这样才能准确地通知所有的 LIN 从控制单元有关信息的起始点的情况。其他信息是以最长为 9 b 的显性电平一个接一个地传输的。

2)同步分界区。同步分界区的长度至少为 1 b,且为隐性电平。

3)同步区:同步区由 0101010101 这个二进制位序构成,所有的 LIN 从控制单元通过这个二进制位序与 LIN 主控制单元进行匹配。所有控制单元同步,对于保证正确的数据交换是非常必要的。如果失去了同步性,那么接收到的信息中的某一数位值就可能会发生错误,该错误会导致数据传输错误。

4)识别区。识别区的长度为 8 b,前面 6 b 是回应信息识别码和数据区的个数,回应数据区的个数为 0~8 个,后面 2 b 是校验位,用于检查数据传输是否有错误。当出现识别码传输错误时,校验位可防止与错误的信息适配。

3.2.5 汽车总线发展趋势

随着汽车电子控制技术朝着智能化和集中控制两方面发展,汽车传感器与电子控制单元 ECU 不再是一一对应的关系,而要求车载环境类传感器的 ECU 处理能力都集中到车载计算平台,因而出现了车载以太网。

车载以太网是用于连接汽车内各种电气设备的一种物理网络。车载以太网的设计是为了满足车载环境中的一些特殊需求,例如,满足车载设备对于电气特性的要求,满足车载设备对高带宽、低延迟以及音视频同步等应用的要求,满足车载系统对网络管理的需求等。因此可以理解为,车载以太网在民用以太网协议的基础上,改变了物理接口的电气特性,并结合车载网络需求专门定制了一些新标准。

1. 促使以太网在汽车上应用的因素

(1)数据带宽需求。

汽车上的电子设备变得越来越复杂,各种控制系统以及传感器的使用越来越多,车内的各种处理器和域控制器需要更多的数据交互,这种大量的数据交互对于车内数据传输带宽的要求越来越高。2010年,后汽车ECU数量、ECU的运算能力需求都呈现爆发式增长,在高级驾驶辅助系统时代和即将到来的无人驾驶时代将更加明显,智能驾驶的实现必须依赖于大量的传感器(如激光雷达、摄像头),这些传感器数据的传输和处理也依赖于更高的车内总线带宽。同时,对运算带宽的需求也开始爆发。

ECU系统数量和质量急速增加,由于是分布式计算,大量的运算资源被浪费了,由此产生的成本增加为300~500美元。如果沿用目前的电子架构体系,产生的成本增加最少也是1 000美元。

(2)车内布线需求。

通常车内各个电子设备之间都是通过专用的电缆进行连接的,这使得车内的线缆布置和连接变得更加复杂,同时也带来了车内线缆成本和质量的成倍增加。我们可以通过一组数据来对比,如表3-1所示。当然减轻质量和降低成本并非联网汽车的唯一优势。以太网有助于形成交换网络,从而实现其他共享总线拓扑结构所不具备的更高带宽和更高数据传输速率。

表3-1 不同类型汽车车内布线需求对比

项目	低端车	豪华车	无人驾驶汽车
线束系统成本	300美元	550~650美元	>1 000美元
质量	30 kg	60 kg	100 kg
长度	1 500 m	5 000 m	—
线束	600根	1 500根	—
接点	1 200个	3 000个接点	—

2016年4月,第一个车载以太网标准——802.3bw获批,它采用一对双绞线实现每端口100 Mb/s的高性能带宽。未来的智能或自动驾驶汽车将引入车载以太网,汽车的电子电气架构将会发生巨大的变化。

2. 以太网的电子电气构架

智能或者自动驾驶汽车的新增功能和原有汽车的电子控制系统将划分为不同的控制域,每一个控制域有一个处理能力较强的域控制器(如车载计算平台)负责控制和管理。基于车载以太网的电子电气构架有两种方式:

(1)在传统总线网关基础上局部增加以太网,如图3-32所示。网关与域控制器和部分电子控制单元之间以汽车总线连接,域控制器与其下位模块(如车载传感器)之间采用星形连接,其优点是保持原有汽车总线网关和电子控制器不变,只在局部增加以太网系统。

(2)采用以太网交换机连接各个控制器,如图3-33所示。以太网交换机与域控制器之间采用星形连接,域控制器与其下位模块(如车载传感器或电子控制单元)采用线型连接,其优点

第3章 汽车电子控制技术和诊断系统

是网络可扩展性好,完整的控制域可由单一供应商实现。

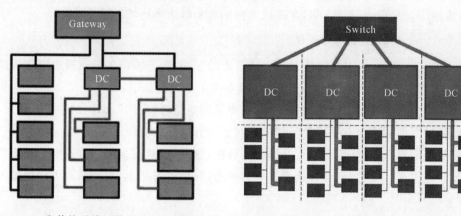

图3-32 在传统总线网关Gateway—网关;
DC—域控制器基础上局部增加以太网

图3-33 采用以太网Switch—交换机;
DC—域控制器交换机连接各个控制器

图3-34所示为一个采用以太网交换机连接域控制器的应用案例。它由4个控制域组成,一个域控制器管理多个电子控制单元。其中,动力系统、底盘和安全系统属于一个控制域,车身电子系统处于一个控制域,信息娱乐系统和诊断系统属于一个控制域,未来的自动驾驶系统(车载计算平台,包括车辆环境感知和驾驶决策等功能)属于一个控制域。

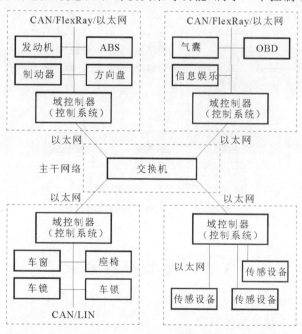

图3-34 采用以太网交换机连接域控制器的应用案例

国外的汽车零部件供应商和车厂正在基于车载以太网开发设计新一代的电子电气框架,博世采用车载以太网与基于以太网交换机的域连接方案,设计开发汽车电子电气框架,用于未来的智能或自动驾驶汽车。奥迪与德尔福合作开发基于车载以太网的车载计算平台,已应用于L3级别的自动驾驶汽车。

全球著名咨询公司预测,到 2022 年全球部署的车载以太网端口数量将超过所有其他已部署的以太网端口总和,到 2025 年,车载以太网的市场渗透率将增加至 80%。

3. 车载以太网的数据访问过程

如图 3-35 所示,以太网网络没有主从节点的区别,为了协调各节点通过网络线路传输信息,采用 CSMA/CD 机制获得总线使用权,其基本工作过程如下:

(1)一个节点要通过网络发送数据,首先查看网络是否"空闲",即网络中没有数据在传送,如果网络"忙",即网络中有数据处于传送的状态,则继续查询等待。

(2)等到网络"空闲"时,该节点开始发送数据,这时,可能有多个节点在等待这个"空闲"时刻,并且一旦出现"空闲",便都开始发送各自的数据,即有可能出现冲突,以太网通信可以检测到这种冲突。

(3)如果发送节点判断有冲突,数据的发送将被中断,已发数据也会被删除,经过一个随机等待时间后,网络重新进行新一轮的数据发送。

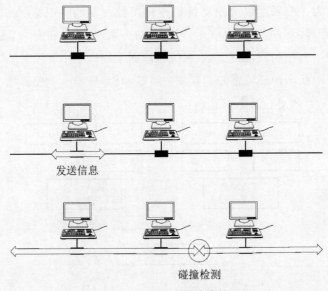

图 3-35 以太网访问总线的过程

3.3 汽车诊断系统

3.3.1 汽车诊断系统的工作原理

汽车诊断系统起源于美国,其初衷是控制和监管汽车的排放物,随着技术的不断发展及标准的统一,现在只需要一台外接的诊断设备即可对各种车辆进行系统运行数据检测与故障诊断,汽车故障诊断仪与故障诊断接口如图 3-36 所示。

第3章 汽车电子控制技术和诊断系统

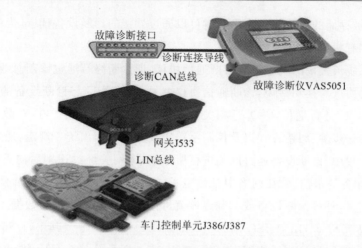

图 3-36 汽车故障诊断仪与故障诊断接口

基于 CAN 总线的汽车诊断系统,其外接诊断设备或车载诊断终端(COBD)通过诊断总线与标准的诊断连接器连接,诊断连接器再通过诊断总线与网关连接。诊断总线通过网关转接到相应的 CAN 总线上,然后连接到相应的电子控制单元进行数据采集。其中,网关是在采用不同体系结构或协议的网络之间进行互通时,用于提供协议转换、数据交换等网络兼容功能的设备,其作用是可以把局域网上的数据转变成可以被识别的数据语言,方便诊断,同时可以实现低速网络和高速网络的信息共享,还可以实现汽车网络系统内部数据的同步以及对信息标识符进行翻译等。奥迪乘用车网关 J533 的连接电路如图 3-37 所示。

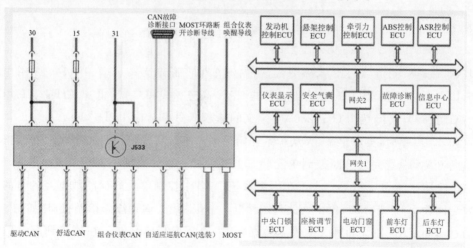

图 3-37 奥迪乘用车网关 J533 的连接电路

诊断设备或车载诊断终端还可以用于检测与排放有关的数据,包括燃油和尾气排放测定系统故障、点火系统故障或发动机间歇熄火故障、废气控制辅助装置故障及整车电控系统故障。因为汽车在正常运行时,汽车的电子控制系统输入和输出信号(电压或电流)会在一定的范围内按一定规律变化。当电子控制系统电路的信号出现异常且超出正常变化范围,并且这一异常现象在三个连续行程内不消失时,ECU 即判断这一部分出现故障,并将相应的故障代码存储起来,而被存储的故障代码在检修时可以通过外接的诊断设备读取,当然不同的故障也会在汽车仪表上有相应显示。

整个诊断系统最关键的就是汽车诊断通信协议,即诊断终端通过诊断总线与网关和CAN总线进行通信的协议。换句话说,诊断通信协议就是车载ECU与诊断设备的一种约定,让外部设备能够与ECU进行通信,并进行相关诊断功能操作。约定中包括对数据格式、同步方式、传送速度、传送步骤、纠错方式以及控制字符定义等问题作出统一规定,通信双方必须共同遵守。在诊断过程中,诊断设备通过网关进行服务请求,网关经过识别后向整个CAN网络的ECU节点发送服务请求信息,在网络中某个电子控制单元接收信息后返回服务响应,与诊断设备建立通信连接,外接诊断设备或车载终端就可读取相应的故障信息数据。

通信协议包括SAE J1850、ISO 9141-2和ISO 14230-4等。其中,J1850总线是由美国工程师协会所颁布的标准,广泛应用于福特、通用、克莱斯勒等美系车辆中;9141-2和14230-4协议是由国际标准化组织制定的,广泛应用于欧系及亚系车辆中,采用L总线进行汽车故障诊断。诊断连接器接口是一个具有16个针口的插座,如图3-38所示。

图3-38 新型诊断接口的针脚布置

其中,1、3、8、9、11、12、13未做分配,可由汽车生产商定义;2、6、7、10、14、15用作诊断通信。6、14为诊断协议ISO 15765-4定义的CAN高速总线和CAN低速总线;2、10用于诊断协议SAE J1850;7、15为ISO 14230-4定义的诊断K线和诊断L线。

例如,2000年后,奥迪车系、大众车系开始采用汽车诊断、测量和信息系统进行自诊断,并通过诊断CAN总线完成诊断控制单元和车上其他控制单元之间的数据交换。诊断CAN总线数据传输速率为500 kb/s。在汽车网络系统中,各个控制单元的诊断数据经各自的数据总线传输到网关J519或J533,再由网关利用诊断CAN总线传输到故障诊断接口,如图3-39所示。通过诊断CAN总线和网关的快速数据传输,诊断控制单元就可在连接到车上后快速显示出车上所装元件及其故障状态。

随着车联网技术的发展,只须改变诊断接口连接或传输方式,加上卫星定位系统和加速度传感器,即可实现网联车载诊断。卫星定位系统可采集车辆位置数据,加速度传感器可采集车辆行驶数据,可检测车主的驾驶行为数据,也可以获得车辆碰撞检测数据。通过无线收发系统,网联车载诊断终端可将车辆数据传送到车联网服务平台,随着该项技术渗透率的提高,外接车载诊断终端将会被逐步取代,网联车载诊断也将成为车载信息控制单元的一部分。

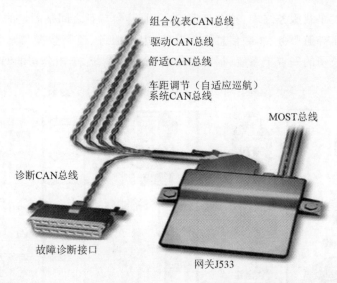

图 3-39 诊断数据经网关 J533 传输到故障诊断接口

3.3.2 车辆数据信息服务

通过汽车总线诊断接口,不但可以读取诊断信息等车辆状态数据,也可读取汽车电子控制系统产生的其他车辆数据,如驾驶行为、汽车用量、新能源汽车电池电量等数据。

驾驶行为数据是驾驶人对车辆进行操作的数据,如:起动、加速踩油门、减速踩刹车、转弯操纵方向盘和换挡等;汽车用量数据反映汽车起始使用时间及时长,起始地点及里程数;车辆状态数据反映发动机、油门、制动踏板、排挡杆、胎压、尾气测定和安全气囊系统等各种汽车工作部件的工作状态和故障的数据以及电动汽车电池剩余电量的数据。

汽车电子控制系统产生的车辆数据,车载终端从卫星定位系统获得车辆位置数据,车载终端从地基增强系统获得车辆位置的差分修正信息后,计算获得高精度的车辆位置数据,车载惯导系统产生的车辆位置数据和车辆行驶数据,车载加速度传感器产生的车辆碰撞检测数据和反映车辆基本特征的车辆基础数据,构成完备的车辆数据。以上数据可以应用于不同领域,如车辆位置和车辆行驶数据可应用于车载信息服务的汽车导航,网联驾驶与网联自动驾驶,交通流量分析与预测;驾驶行为和汽车用量数据可应用于保险公司保险车联网;车辆状态数据可应用到汽车服务公司的远程诊断及汽车维修与保养服务;电池用量和碰撞检测数据可应用到加电站的充电服务和道路救援服务。

若车辆数据传送到车联网服务平台,通过大数据分析驾驶行为、汽车用量、车辆状态和电池用量等车辆数据,可向相关行业提供车辆数据信息服务。服务商则包括生产车辆并安装车载终端的整车厂、开发车载终端的汽车电子厂商、拥有交通检测设备并提供道路状态数据的交通管理部门,汽车服务商保险公司及保险代理,二手车交易商,汽车分时租赁与共享,交通流量信息服务和基于大数据的性能监测与汽车设计公司等。

受行业特征和其他因素影响,车载信息服务有整车厂主导、服务商主导和基于智能手机的三种模式。

(1)整车厂主导的车载信息服务模式,如图 3-40 所示。这种服务模式是整车厂独立或者委托电子厂商开发车载服务终端,独立运营,在产业链参与者之间是固定的契约关系。其主要服务内容包括汽车导航服务、车载信息娱乐服务、上网服务、道路救援与紧急救援服务等。典型代表有等通用公司的安吉星系统、福特公司的 SYNC 系统、丰田公司的 G-Book 系统等。

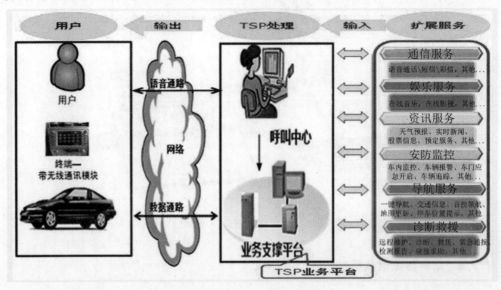

图 3-40 整车厂主导的车载信息服务模式

(2)服务提供商主导的车载信息服务模式,如图 3-41 所示。该模式一般采用联盟的方式构建,目的是降低分摊到每一辆车上的研发成本,降低车厂选择以及切换产业链上参与者的成本。如欧洲 Wireless Car 公司推出的 NGTP 系统,该系统通过开放、标准化的协议提供服务,且对所有车载信息系统厂商和汽车制造企业开放。服务内容包括信息集成、业务处理、内容提供、公共安全应答和呼叫中心等。

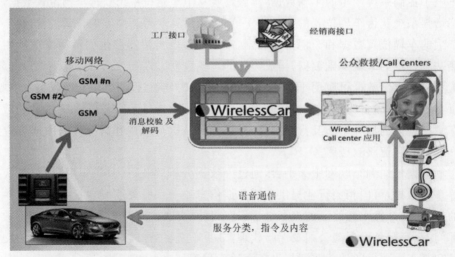

图 3-41 服务提供商主导的车载信息服务模式

(3)基于智能手机的车载信息服务投影模式,如图 3-42 所示。通过无线或者有线连接方式将手机终端连接到车载信息服务终端中。投影模式的优势在于应用不依赖于本身的车载系统,只需要整车厂在当前的系统中安装相应的软件支撑模块以及配套的通信接口即可。通过投影模式,可将智能手机的移动互联网应用投影到车辆设施上,如屏幕、音响、操作按键等,实现音乐播放、导航和语音通信等服务。同时,所有的程序与数据都运行在手机端的处理器上,这就意味着当手机更新软件,或者换一部运行速度更快的手机时,整个车载体验也会自动升级。目前市场上将智能手机和车载信息服务终端结合起来的主流的解决方案包括车载连接联盟的 Mirror Link 模式、苹果公司的 Car Play 模式和谷歌公司的 Android Auto 模式,它们都有各自不同的优势。

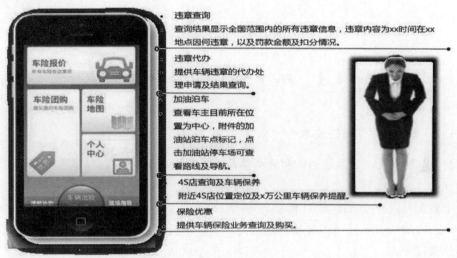

图 3-42　基于智能手机的车载信息服务投影模式

投影模式带给驾驶人员的好处是可以让用户将智能手机的操作体验与习惯带入车内,此外,由于 APP 应用驻留在手机中,升级更新比车载终端的应用系统更为方便。

复习思考题三

1. 简述汽车电子控制系统基本组成与工作原理。
2. 开环控制与闭环控制的区别是什么?
3. 简述车载总线的分类。
4. 简述 CAN 总线的数据传输原理。
5. 简述 FlexRay 总线的特性。
6. LIN 总线在汽车上的应用有哪些?
7. 汽车诊断系统中网关的作用是什么?
8. 整车厂、服务商和基于智能手机的三种车载信息服务模式有何不同?

第 4 章 车联网技术与定位导航

4.1 车际网 V2X 协同通信

4.1.1 专用短距离通信技术

目前,车联网有 V2X 协同通信和蜂窝移动通信两种基本通信方式,本节主要介绍 V2X 协同通信。

这个概念可以参考 B2B、B2C 模式,V 即 Vehicle,V2X 也就是交通工具,X 在这里意思是 everything,即指一切事物。V2X 协同通信是车辆与车辆、行人和路侧设备之间进行数据和信息交换的通信方式。

如图 4-1 所示,V2X 协同通信有四种应用场景:V2V、V2I、V2N 和 V2P。

图 4-1 V2X 协同通信的应用场景

其中,V2V 即车辆与车辆相连。V2V 通信技术是一种不受限于固定式基站的通信技术,为移动中的车辆提供直接的终端到终端的无线通信。即通过 V2V 通信技术,车辆终端彼此可以直接交换无线信息,无须通过基站转发。利用它可以监测街上行驶的其他车辆的速度、位置等对其他驾驶员无法开放的"隐藏"数据,同时能够自动预测在该车行车道路前方是否会发生碰撞。通俗讲,它与我们所用的手机不同,手机依赖于固定的基站提供信号,来实现与其他手机交互。在高铁上,手机会因为频繁地更换基站服务区而使得信号时好时坏。但自动驾驶对此十分忌惮,试想车子在没有基站提供服务时,感应不到拐角的其他车辆,那真就非常危险了。

V2I 即车辆与基础设施相连接。I 在此包含了道路、交通信号灯、公交站、电线杆、大楼、立交桥、隧道和路障等交通设施设备。V2I 通信功能采用车载智能交通运输系统的 760MHz 频段,可以在不影响车载传感器的情况下实现基础设施与车辆之间相互通信功能。简单说,就好比为盲人配上一根导盲杖,导盲杖接触到某处就可以看作是车辆与基础设施之间的信息交互,它可以避免盲人碰到墙。同样的道理,车辆可以以此收集周围环境的信息。

V2P 即车辆与行人相连。车子可以实现自动驾驶,可路上终会有行人,我们不可能像游戏里一样有传送技能,或者为行人发明一种传送带,让人可以想去哪里就去哪里。这关乎到人身安全、交通秩序以及社会安定等各个方面,因此 V2P 是自动驾驶中最重要的环节之一。让车辆感知行人的方法很多,除了比较直观的摄像机和各种传感器外,信息互联也是一种有效的办法。比如行人使用的终端,如手机、平板和可穿戴设备等,都可以实现人与车辆的互联。到那时候还想"碰瓷"就难上加难了,汽车会绕开行人走,除非行人自己送上来"主动碰瓷"。

V2N 即车辆与互联网相连接,这时候就是车联网。像智能手机一样,智能驾驶的首要任务便是联网。手机联网是为了让信息更丰富,车辆联网也是一样的道理。除去智能驾驶所用到的各种传感器、摄像机等,车联网也可以被认为是一种传感技术的扩展。此外,V2N 还能像手机连入互联网一样,提供导航、娱乐、防盗等服务功能。

V2X 是对车载传感器的完善,甚至可以说车载传感器只是其辅助手段。它就像是给人们配上了智能手机,可以无死角、穿越任何障碍物来获取信息,还可以和其他"手机"形成互联,实现信息互通。同时还可以通过计算来进行智能操作,完美履行"司机"的义务。

与车载传感器相比,V2X 不会受到天气状况的影响。比如,在沙尘、大雨或大雾天气,车载摄像机的作用就会被减弱,但 V2X 依然可以保持正常的工作。那车与车,车与设备之间怎么通信呢?一个是汉语操作系统,另一个是英语操作系统。V2X 现有的两大通信标准是DSRC 和 C-V2X。一个是基础颇好的老牌技术,一个是后来居上的新技术。

目前专用的短距离通信技术主要是基于 IEEE 802.11p 协议。美国国家公路交通安全局(NHTSA)2004 年已经将 IEEE 802.11p 作为短距离车间通信的底层标准协议。

802.11p 是在 802.11 的基础上的改进,适应于要求更严格、环境更恶劣的车间通信,其采用 5.9 GHz 的频段,通信距离可达 300 m。在物理层层面,75 MHz 被划分为 7 个 10 MHz 的信道,频率最低的 5 MHz 作为安全空白,中间的一个信道是控制信道,并且有关安全的信息都是广播的形式。而边上相邻的两个信道可以用于服务,经过协商后可当作一个 20 MHz 的信道使用,比如传输视频之类,其通信优先级别比较低。控制信道使用小点的带宽有利于减少多普勒频移效应,两倍警戒间隔能减少多径传输引起的码间干扰。以上改动的结果是物理层的传输速率减少了一半,标准的 802.11p 的传输速率是 3 Mb/s,最大传输速率是 27 Mb/s。室内传输范围 300 m,室外最大传输距离 1 000 m(无阻隔状态下)。

其实,车间通信的协议本质上是一个通信问题,无须汽车厂商对此有很深入的了解,芯片制造商、通信方案集成商已经提出了比较成熟的方案供整车的使用和测试。

由于车辆移动速度快,车间通信的时延要求要低,涉及安全控制或告警的车间通信需要较高的实时性,比如碰撞类消息的时效性保持在 300ms 以内,以防止旧数据导致错误的决定。一般来讲,发送端的通信处理时延要求在 100ms 以内(从 T1 - T2)。整个过程如图 4-2 所示。

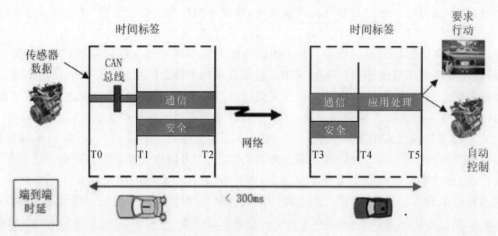

图 4-2 IEEE 802.11P 协议

车辆移动速度提高后,车间通信距离也随之增大,802.11p 定义了最高的有效等向辐射功率 44.8 dBm(30 W),用来最大限度地让汽车处理紧急事件。通常情况下,与安全相关信息的有效等向辐射功率是 33 dBm,在空旷地传输距离可达 1 km,即便在复杂环境下,也能达到 300 m 左右的传输距离。这些指标对高速行驶的车辆来说是十分必要的,不过,传输距离的增大牺牲了数据的传输速率。

众所周知,信号的多径效应是影响移动通信的重要因素,在车载环境下,802.11p 为了增加对多径效应的承受能力,使用了 10 MHz 的带宽,减少带宽使得物理层相应参数在时域上是原 802.11a 的两倍。保护间隔也变为两倍,减少了多径传输引起的码间串扰,适用于高速移动的车辆环境。

可是,事物都有两面性,带宽减少和通信距离增加的同时就牺牲了物理层的数据传输速率,802.11a 的标准传输速率是 25 Mb/s,而 802.11p 则是 3 Mb/s。

开车时候要做到宁停三分,不抢一秒,安全第一!车联网通信的一个重要特征是传输的信息有优先级之分,重要的安全消息和对时间有严格要求的信息相对不涉及安全的消息优先级高,普通数据业务的紧急性要求如果不高,则缓存发送。尤其目前比较热门的自动驾驶、智能驾驶,V2X 数据的传输不是问题,但须对数据用户的合法性进行验证,因此,传输设备一下线就需要官方或正式的机构对其进行授权和认证。一般采用私钥和公钥形式,私钥用于产生自身身份的序列,公钥用于其他设备,根据序列和数据,判断数据的合法性。一旦某设备出现恶意行为,认证机构便可以根据公钥抓到对应的用户。目前存在的问题是,如果一个用户一直使用固定的几个公私钥对,那么它就有被跟踪的可能,如何解决这个问题?一种方式就是认证机构通过某种方式,不断更换用户的公私钥对,如通过路边单元或在线的方式刷新等。

对于自动驾驶而言,除了车辆须具备观察周围环境的感知系统,还有很多的其他要求。因为除了局限于眼前的传感器,自动驾驶车辆还须实现与一切可能影响车辆的实体实现信息交互,以减少事故的发生,缓解交通拥堵等相关的信息服务。于是,V2X 技术就被当作自动驾驶的一个感知手段正在被研究的开发着。

4.1.2 DSRC 通信协议简介

在介绍车联网中的专用短距离通信技术时候,谈到了 DSRC。DSRC 通信协议是 ITS 标准体系框架中的重要组成部分,是整个智能交通服务系统的基础。DSRC 系统是一种无线移动通信系统,它通过数据的双向传输将车辆和道路有机地结合起来,利用计算机网络,在智能交通系统中提供车—车、车—路之间的信息高速传输的无线通信服务。DSRC 系统能够支持行驶车辆间的公共安全和不停车收费,提供高速的数据传输,并保证通信链路的低延时和低干扰,确保整个交通系统的可靠性。

专用短程通信设备基于专用短程通信规范,主要包含路侧设备(Road Side Unit,RSU)和车载设备(On Board Unit,OBU)两部分,通过路侧设备和车载设备之间的无线通信实现路网与车辆之间的信息交流。车载单元又称车载电子标签,通常安装在挡风玻璃上,主要由收发器与信息存储单元组成。目前国际上的收发器大多数工作在微波频段,少数工作在红外波段,通过 RSU 收发器和 OBU 收发器,就可以实现车辆与道路之间的信息交互。车载单元中的信息卡里面存储了很多该车的信息,通过 OBU 收发器可以将存储的信息发给 RSU,也可以从 RSU 下载有关信息。路边单元主要是指车道通信设备,覆盖区域在 3~30 m,主要参数有载波频率、发射功率和频谱、调制方式以及通信接口。目前大多数国家都倾向用 5.8 GHz 频段。DSRC 通信进度如图 4-3 所示。

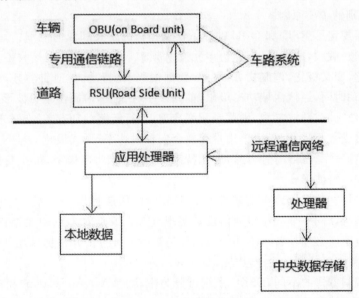

图 4-3 DSRC 通信示意图

DSRC 是一种小范围无线通信系统,它作为车与路的通信平台,通过信息的双向传输将车辆和道路有机地连接起来。其中,RSU 是 OBU 的读写控制器,由加密电路、编解码器电路和微波通信控制器等组成,以 DSRC 通信协议的数据交换方式和微波无线传递手段,实现移动车载设备与路侧设备之间安全可靠地进行信息交换。

DSRC 协议分为物理层、数据链路层和应用层三层,如图 4-4 所示。

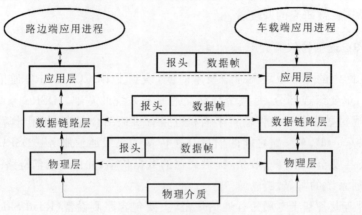

图 4-4 DSRC 协议

(1)物理层。作为智能交通的信息平台,DSRC 协议规范了路边单元与车载单元之间完成可靠的数据传输的有关规程,RSU 和 OBU 之间的数据传输以数据帧的形式进行,DSRC 应用数据单元自上而下逐渐封装成应用层协议数据单元和链路层协议数据单元,然后加上帧头和帧尾封装成 L2 层帧,激活物理层的连接后再加上前后同步码,即可以在传输媒介上传输比特流了。物理层规定了无线通信使用的传输媒介和上下行链路传输媒质的物理特性参数,确定与数据链路层的接口及需要提供的服务,提供数据传输、同步、定时功能以及实现连接和数据传输,控制信道的激活、保持、释放、进行信道切换和选择。其中,载波频率是一个关键参数,它是 DSRC 系统差别的主要原因。

同时,物理层规定了 RSU 和 OBU 的以下性能指标的定义和取值范围:

下行链路参数:载频,载频容差,路边单元发射频谱,车载单元最小接收带宽,等效全向辐射功率,天线极化,交叉极化,调制指数,眼图,数据编码,比特率,位时钟容差,误比特率,车载单元呼唤最长启动时间,通信区域功率极限,前同步字符长度,前同步字符波形。

上行链路参数:副载频波参数,副载频频率容差,上行链路载频容差,车载单元发射机发射频谱,路边单元接受最小带宽,最大单边带等效全向辐射功率,天线极化,眼图,边带抑制,边带隔离,数据编码,符号率,符号时钟容差,误比特率,通信区域功率极限,最小变换增益,前同步字符长度,前同步字符波形。

(2)数据链路层。数据链路层的功能是为 DSRC 应用层提供一组服务原语,通过该组服务原语,固定设备可以同一个或一组通信设备实现点对点或点对多点的无差错通信。为实现这个功能,数据链路层必须具备对不同的通信设备进行地址分配并根据该地址共享信道、差错帧检验并恢复和数据流控制三个子功能。

其中,根据调制方式的不同,DSRC 系统可分为主动式(Active System)和被动式(Passive System)两种。主动式又称为收发器系统(Transceiver System),在这种系统中 OBU 和 RSU 均有振荡器,都可以用来发射电磁波。当 RSU 向 OBU 发射询问信号后,OBU 利用自身的电池能量发送数据给 RSU,主动式 OBU 必须带有电池。被动式又被称为异频收发系统(Transponder System)或反向散射系统(Back Scatter System),是指 RSU 发射电磁信号,OBU 被电磁波激活后进入通信状态,并以一种切换频率反向发送给 RSU 的系统,被动式 OBU 可以有电源,也可以无电源。媒体访问控制(Media Access Control,MAC)子层借助物理媒介信道建立 RSU 与 OBU 之间的通信连接,处理时隙分配、数据单元分组与重组以及有关确认操作等。逻辑链路控制(Logical Link Control,LLC)子层定义了在路边单元与车载单元之间的无线链路上对协议数据单元(LLC Protocol Data Unit,LPDU)的传输与差错控制。LLC 子层生成命令 PDU 和响应 PDU 以供传输,同时解释收到的命令及响应 PDU。

(3)应用层。应用层由三个核心单元(Kernel Element,KE)组成,它们是初始化核心单元(I-KE)、广播核心单元(B-KE)和传输核心单元(T-KE),用于实现初始化、广播信息传输和协议数据单元传输服务。

DSRC 协议的通信流程如下:

第一步,建立连接。RSU 利用物理层的下行链路循环不断地发送出帧控制信息,当车辆驶入 RSU 的有效发射区域内时,OBU 接收此信息并回复相应信息连接。这时 RSU 收到请求信息作出响应操作,将响应信息发送给对应的 OBU。OBU 收到响应信息,发出确认信息,RSU 读取确认信息核实身份,连接建立成功。

第二步,信息交互。利用之前建立好的连接,针对应用服务类型进行数据交换。这个过程中最重要的是差错控制,可以通过让帧携带 OBU 私有标识、设置重传计数器、控制重传等待时间等方式解决这个问题。

最后一步,连接释放。RSU 向 OBU 发送释放连接信息,OBU 接收信息,确认要释放连接,设定连接释放计数器,由连接释放计数器释放连接。

车与路通信主要以 ETC 系统为代表。车辆经过特定的 ETC 车道时,通过 OBU 与 RSU 的通信,无须停车和收费人员采取任何操作的情况下,自动完成收费过程。如图 4-5 所示。

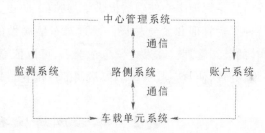

图 4-5 ETC 系统

车与车通信主要用于车辆的公共安全方面。将 DSRC 技术应用于交通安全领域,能够提高交通的安全系数,减少交通事故,降低直接和间接的经济损失。例如,当前面车辆检测到障碍物或车祸等情况时,会向后发送警告信息,提醒后面车辆存在潜在的危险。车与车通信的应用场景如图 4-6 所示。

图 4-6 车与车通信促进交通安全

总之，DSRC 作为一种无线通信方式，具有传输速度快（1 Mb/s）、受干扰程度小（专用通信频段 5.8 GHz）和安全性好（伪随机加密算法）等特点，可以灵活地将路边设备和车辆联系起来，实现路边设备和车辆信息双向实时传输。基于这些特点，DSRC 在智能交通系统（Intelligent Traffic System，ITS）的许多子系统中得到应用，如先进的公共运输系统、商用车辆营运系统、先进的交通信息系统和先进的交通管理系统等。

目前，专用短程通信系统已经被广泛地应用于 ITS 的各个方面，主要有以下几方面的作用：

（1）车辆监管及防盗。对车辆的车主、车型以及牌照等相关信息进行登记记录，DSRC 系统可以实现对车辆的实时管理。在主要路口、收费站安装路边设备，当被盗车辆通过这些路口时，就可以被专用短程通信系统发现。

（2）公共交通管理。采用 DI 编码方式实现运营车辆定位，将车辆的位置数据传输到公交调度中心，实现运营车辆与指挥调度中心的实时通信，根据车辆运营状态的信息实现对车辆的优化调度和管理。为乘客提供乘车线路、车票费用、发车时间等信息，为驾驶员提供与公交有关的实时拥堵、可利用的停车空间等信息。提高公共交通的舒适性、安全性和通畅性，有效地管理公共交通并采集公交数据信息。

（3）安全行驶支持。路边设备可以探测出前方、后方及周围车辆，并将附近区域车辆的车速、方向等信息经管理中心处理后提供给驾驶员，防止交通事故的发生。

（4）特种车辆管理和紧急救援。通过对车辆属性的识别，实现对特种车辆（如警车、救护车、消防车）的动态管理。在发生紧急情况后，可以依靠 DSRC 系统进行实时的交通信息和路况信息采集、处理，使紧急救援车辆以最快的速度在最短的时间到达事故发生地点。

4.2 车云网蜂窝移动通信

4.2.1 蜂窝移动通信概述

1. 蜂窝移动通信的发展历史

蜂窝通信的概念源于 AT&T 贝尔实验室，基本思想是将大范围区域分割成多个类似蜂窝正六边形的小区域。小区域之间复用频率资源，从而大大增加了整个区域的可用频率资源总量。目前所使用的通信在几何上的形状和蜂窝很接近，都呈六边形，因此目前的通信也叫作蜂窝移动通信。它采用蜂窝无线组网方式，在终端和网络设备之间通过无线通道连接起来，进而实现用户在活动中可相互通信。其主要特征是终端的移动性，并具有越区域切换和跨本地网自动漫游功能。蜂窝网络组成主要有移动站、基站子系统、网络子系统三部分。移动站就是网络终端设备，比如手机或者一些蜂窝工控设备；基站子系统包括移动基站（大铁塔）、无线收发设备、专用网络（一般是光纤）、无线的数字设备等。基站子系统可以看作是无线网络与有线网络之间的转换器。蜂窝移动通信频率复用如图 4-7 所示。

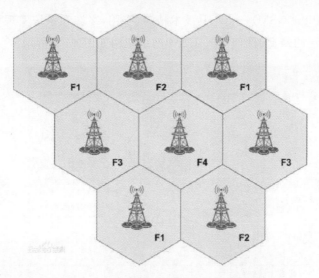

图 4-7 蜂窝移动通信频率复用示意

1973年,蜂窝通信原理首次在摩托罗拉的试验系统中得到了验证,由此拉开了移动通信发展的序幕。第一代蜂窝通信系统基于模拟幅度调制,相应的标准有贝尔实验室开发的 Advanced Mobile Phone System(AMPS)。从1980年到1995年,AMPS 在北美、以色列、澳大利亚等国家和地区广泛使用。第一代蜂窝通信采用模拟制式,语音信号没有经过信源压缩,缺乏信道编码的纠错保护,发射功率不能被有效控制,因此干扰严重、资源利用率低,并且系统容量相当有限。同时,模拟器件制造和集成相对困难,导致终端昂贵且笨重(国内俗称"大哥大"),只有极少数用户能够负担终端及通信费用。第一代蜂窝通信系统如图4-8所示。

图 4-8 第一代蜂窝通信系统

第二代蜂窝通信系统采用数字调制,语音经过信源压缩变为数字信号,并加入信道编码进行纠错,能运用功率控制,使得信道传输效率大大提升。第二代蜂窝通信的主要业务是语音通话。第二代蜂窝通信的典型代表是欧盟国家主导制定的全球移动通信系统(Global System of

Mobile Communication,GSM)。由于其技术精湛、实用,终端和系统实现成本较低,所以至今仍是全球使用最广泛的蜂窝通信系统。GSM 网络架构如图 4-9 所示。

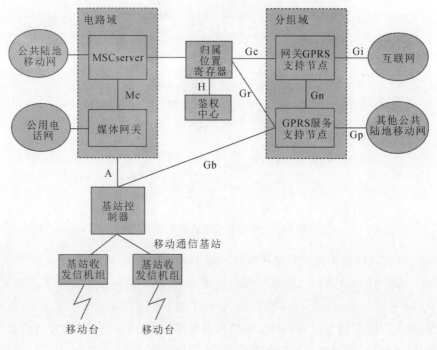

图 4-9 GSM 网络架构

码分多址技术的大规模应用是在第三代蜂窝移动通信系统中。除了 CDMA 的完全频率复用特性外,系统容量提升还很大程度得益于信道编码的突破,1993 年,turbo code 的出现使得信道的链路性能逼近香农极限容量,因此,迅速地在第三代移动通信系统中得到应用。第三代蜂窝通信系统包含三大制式,分别是 WCDMA(欧盟主导,中国联通)、TD-SCDMA(中国主导,中国移动)和 CDMA 2000(北美主导,主要是高通主导,中国电信)。在国际移动通信领域,国际电联对 3G 网络有其最低的要求和标准,即在高速移动的地面物体上,3G 网络所能提供的数据业务为 64~144 kb/s,要能够适应 500 km/h 的移动环境。针对该标准,在我国现行的 3 种 3G 网络中,WCDMA 和 CDMA2000 主要采用"软切换"技术,能够实现移动终端在时速 500 km 时的正常通信,即能够实现在与另一个新基站通信时,先不中断和原基站的联系,而是在和新的基站连接好后,再中断和原基站的连接,这也是 3G 网络优于 2G 网络的一个突出特点。WCDMA 技术已经解决了高速运动物体的无缝覆盖问题。此外,TD-SCDMA 也对高铁通信的覆盖方案进行了研究。因此,3G 移动通信网络在技术层面上已经具有为高铁提供通信保障的基本条件,为我国高铁发展过程中移动通信问题的完满解决奠定了坚实基础。总体说来,3G 时代是 CDMA 技术的时代。3G 蜂窝网络架构如图 4-10 所示。

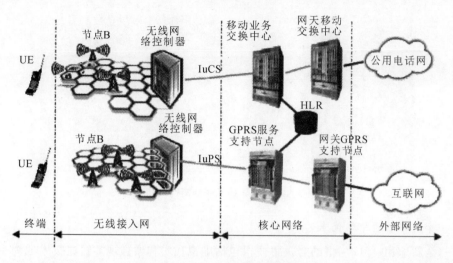

图 4-10　3G 蜂窝网络架构

第四代蜂窝通信系统是 OFDM 技术的时代。OFDM 技术是从 20 世纪 60 年代起由美国军方开始研制的应用,但规模较小。直到 20 世纪 80 年代,大规模集成电路的发展使得 OFDM 信号的解调和调制不再是难以实现的技术障碍,OFDM 才开始走向民用通信的舞台。4G 系统能够以 100 Mb/s 的速度下载,比拨号上网快 2000 倍,上传的速度能达到 20 Mb/s,并能够满足几乎所有用户对于无线服务的要求。在用户最为关注的价格方面,4G 与固定宽带网络在价格方面不相上下,并且 4G 计费方式更加灵活机动,用户完全可以根据自身的需求确定所需的服务。此外,4G 可以在 DSL 和有线电视调制解调器没有覆盖的地方部署,然后扩展到整个地区。很明显,4G 有着不可比拟的优越性。LTE 网络(一种 4G 技术)架构如图 4-11 所示。

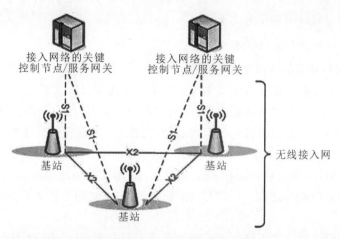

图 4-11　LTE 网络架构

如今,已经进入了 5G 通信时代,5G 通信的网络异构如图 4-12 所示。

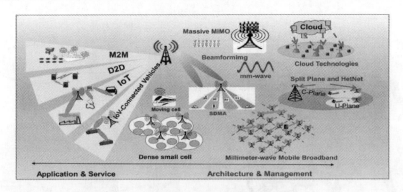

图 4-12　5G 异构无线蜂窝网络架构

2.5G 蜂窝移动通信的优点

第一，全新应用。5G 网络的普及将使得包括虚拟现实和增强现实这些技术成为主流。其中，增强现实可以将包括出行方向、产品价格或者对方名字等信息投射在用户视野中。在车联网应用中，信息可以投射在汽车的前挡风玻璃上，这给人们的出行带来了极大的便利。虚拟现实则可以在用户视野内创造出一个完全虚拟的场景。无论是虚拟现实还是增强现实，都对数据获取速度有着极高的要求。

第二，即时满足。4G 网络下的最快下载速度大约是 150 Mb/s，5G 网络下的最快下载速度则达到了每秒 10 Gb/s。换句话说，在 5G 网络下仅需 4 s 就可以下载完一部 3D 电影，而 4G 网络下则需要 6 s，即 5G 通信的信息传送速度是非常快的。

第三，瞬时响应。除了可以在单位时间内传输更多数据以外，5G 还可以大幅缩短数据开始传输前的等待时间。在 4G 网络观看视频前等待数秒是常见的，但如果在自动驾驶汽车行驶时碰到数据延迟就完全不能接受了。具体来说，就目前 4G 网络而言，该网络通常需要 15~25 ms 的时间将数据传输给可能发生碰撞的车辆，然后车辆才会开始紧急制动。但在 5G 网络下，这一数据的传输时间将仅为 1 ms。

3.5G 蜂窝移动通信的关键技术

目前 5G 蜂窝移动通信有以下几个关键技术：

（1）高频段传输。移动通信传统工作频段主要集中在 3GHz 以下，这使得频谱资源十分拥挤，而在高频段（如毫米波、厘米波频段）可用频谱资源丰富，使用高频段传输能够有效缓解频谱资源紧张的现状，可以实现极高速短距离通信，支持 5G 容量和传输速率等方面的需求。高频段在移动通信中的应用是未来的发展趋势。足够量的可用带宽、小型化的天线和设备、较高的天线增益是高频段毫米波移动通信的主要优点，但其也存在传输距离短、穿透和绕射能力差、容易受气候环境影响等缺点。与此配套的射频器件、系统设计等方面的问题也有待进一步研究和解决。

（2）新型多天线传输。多天线技术经历了从无源到有源，从二维（2D）到三维（3D），从高阶 MIMO 到大规模阵列的发展，将有望实现将频谱效率提升数十倍甚至更高，是目前 5G 技术重要的研究方向之一。由于引入了有源天线阵列，基站侧可支持的协作天线数量将达到 128 根。此外，原来的 2D 天线阵列拓展成为 3D 天线阵列，形成新颖的 3D-MIMO 技术，支持多用户波束智能赋型，减少用户间干扰，结合高频段毫米波技术，将进一步改善无线信号覆盖性能。

目前研究人员正在针对大规模天线信道测量与建模、阵列设计与校准、导频信道、码本及反馈机制等问题进行研究，未来将支持更多的用户空分多址（SDMA），显著降低发射功率，实现绿色节能，同时提升覆盖能力。

（3）同时同频全双工。最近几年，同时同频全双工技术吸引了人们的注意力。利用该技术，在相同的频谱上，通信的收发双方可以同时发射和接收信号，与传统的 TDD 和 FDD 双工方式相比，从理论上可使空口频谱效率提高 1 倍。全双工技术能够突破 FDD 和 TDD 方式的频谱资源使用限制，使得频谱资源的使用更加灵活。然而，全双工技术须具备极高的干扰消除能力，这对干扰消除技术提出了极大的挑战，同时还存在相邻小区域同频干扰问题。在多天线及组网场景下，全双工技术的应用难度更大。

（4）D2D。传统的蜂窝通信系统的组网方式是以基站为中心实现小区域覆盖，而基站及中继站无法移动，其网络结构在灵活度上有一定的限制。随着无线多媒体业务不断增多，传统的以基站为中心的业务提供方式已无法满足海量用户在不同环境下的业务需求。D2D 技术无须借助基站的帮助就能够实现通信终端之间的直接通信，拓展了网络连接和接入方式。由于短距离直接通信信道质量高，D2D 能够实现较高的数据传输速率、较低的时延和较低的功耗。同时，通过广泛分布的终端，能够完善覆盖，实现频谱资源的高效利用。此外，还支持更灵活的网络架构和连接方法，提升链路灵活性和网络可靠性。目前，D2D 采用广播、组播和单播技术方案，未来将发展其增强技术，包括基于 D2D 的中继技术、多天线技术和联合编码技术等。

（5）密集网络。在 5G 通信中，无线通信网络正朝着网络多元化、宽带化、综合化和智能化的方向演进。随着各种智能终端的普及，数据流量将出现井喷式的增长。未来数据业务将主要分布在室内和热点地区，这使得超密集网络成为实现未来 5G 的 1 000 倍流量需求的主要手段之一。超密集网络能够改善网络覆盖，大幅度提升系统容量，并且对业务进行分流，具有更灵活的网络部署和更高效的频率复用。未来，面向高频段大带宽，将采用更加密集的网络方案，部署小区/扇区将高达 100 个以上。

与此同时，愈发密集的网络部署也使得网络拓扑更加复杂，小区域间的干扰已经成为制约系统容量增长的主要因素，这会极大地降低网络能效。干扰消除、小区域快速发现、密集小区域间协作、基于终端能力提升的移动性增强方案等，都是目前密集网络方面的研究热点。

（6）新型网络架构。LTE 接入网采用网络扁平化架构，减小了系统时延，降低了建网成本和维护成本。5G 采用 C-RAN 接入网架构。C-RAN 是基于集中化处理、协作式无线电和实时云计算构架的绿色无线接入网构架。C-RAN 的基本思想是通过充分利用低成本、高速光传输网络，直接在远端天线和集中化的中心节点间传送无线信号，以构建覆盖上百个基站服务区域，甚至上百平方千米的无线接入系统。C-RAN 架构适于采用协同技术，能够减小干扰，降低功耗，提升频谱效率，同时便于实现动态使用的智能化组网，集中处理有利于降低成本，便于维护，减少运营支出。目前的研究内容包括 C-RAN 的架构和功能，如集中控制、基带池 RRU 接口定义、基于 C-RAN 的更紧密协作，如基站簇、虚拟小区等。

4.2.2　C－V2X 协同通信

C-V2X（Cellular-V2X）协同通信，即蜂窝-V2X 协同通信，是以蜂窝通信技术为基础的

V2X 技术,如图 4-13 所示。前面学习通信方法被称为直接 V2X,如 DSRC 技术。

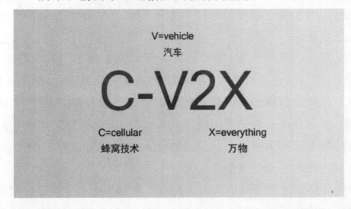

图 4-13 C-V2X

DSRC 是一种高效的无线通信技术,提供高速的数据传输,并保证通信链路的低延时和低干扰,要求车辆安装 OBU,道路基础设施安装 RSU。其中,智能网联汽车直接与相应的接收器(OBU 或 RSU)形成通信信道,无论它是另一辆智能网联汽车还是道路基础设施。对于直接 V2X,发送车辆实际上与预期的接收器连接,不需要任何附加的基础设施(如基站或中继),从而最小化传输中的通信延迟,这对依赖于实时数据的自动驾驶车辆安全行驶尤为重要。直接 V2X 方法的主要缺点是要先建立通信链路,因为通信信道的两端需要时间和资源来约定相应的发送频率、数据传输速率和支持通信的其他基本参数。对于专用短距离通信技术 DSRC,DSRC 标准由汽车技术供应商花费十年以上逐步形成,基于低移动性场景的 Wi-Fi 技术,在电气和电子工程师协会(IEEE)的推动下,美国率先将其应用到车与车直接通信的交通环境。DSRC 确实可以把事故,尤其是致死事故率降低到原来的 1/7,但基于 Wi-Fi 技术的 DSRC 性能存在局限性——Wi-Fi 难以支持高速移动场景,移动速度一旦提高,DSRC 信号就开始骤降、可靠性差、时延抖动较大,因此,很长一段时间内,DSRC 的性能不稳定,一直处于测试阶段。

DSRC 的性能缺陷让业界萌生了在蜂窝技术的基础上重新设计 V2X 的构想,因为蜂窝技术生来就是针对高速移动环境设计的,C-V2X 由此应运而生。从此,业界分成两大技术路径:一派支持在过去十几年一直投入开发的 DSRC 技术;另一派是以电信行业为基础、拥有蜂窝技术背景的公司和车企推动的 C-V2X 技术。这两大阵营争论较多,其中以高通等为代表的公司认为 C-V2X 更有优势、更有前景。

C-V2X 以长期演进技术 LTE 蜂窝网络作为 V2X 的基础,是 5G 的重点研究方向,也是车联网的专有协议,主要面向车联网的应用场景,使用蜂窝电话基站技术连接运输生态系统内的所有车辆和道路基础设施。

与直接 V2X 方法不同,C-V2X 在发送器和接收器之间形成无线链路时具有非常小的开销。车联网产业发展最重要的一个前提就是统一的通信标准,C-V2X 是其中一项。2017年,C-V2X 规范建立以后,在全球取得了积极进展,被运用于欧洲电信标准协会(The European Telecommunications Standards Institute,ETSI)、美国汽车工程学会与相关组织制定协议。C-V2X 示意图如图 4-14 所示。

第 4 章 车联网技术与定位导航

图 4-14 C-V2X 示意图

按照概念理解，C-V2X 技术可以被视为一系列车载通信技术的总称，实现车与车之间的直接通信，如提前预警；汽车与行人通信，保障行人安全；汽车与道路基础设施通信，如交通信号灯、交通标识、停车位置等以及车辆通过移动网络与云端进行通信。通过以上全部的通信交流，打造出一个更安全、便捷的智慧交通世界。

C-V2X 技术的一个重要优势就是成本效益。比如，网络部署方面，由于 C-V2X 的基础设施是在蜂窝技术上发展起来的，仅通过改造现有的基站，就可以将 C-V2X 基础设施集成进去；终端部署方面，可以延用 LTE 和 5G 的生态系统，在一个通信的 Tbox 里面把 LTE 和 V2X 集成在一起，形成一个统一的连接性的解决方案，使得部署成本最优。12 年后，绝大多数新车都将具备嵌入式的蜂窝连接功能，在不久的未来，部分汽车制造商将会为他们几乎所有的汽车配置蜂窝调制解调器。C-V2X 可借助即将在汽车中提供的蜂窝调制解调器技术实现，让汽车制造商受益于规模经济——降低系统复杂性，并让 C-V2X 的实现极具成本效益。基于 802.11p 的 DSRC 技术的组网须新建大量 RSU，这种基站设备的新建成本较大，其硬件产品成本也比较高昂。而 C-V2X 通过利用现有面向网络通信的蜂窝基础设施（V2N），可结合 RSU 和蜂窝网络功能，帮助改善安全性并支持自主性（如提供局域和广域路况信息，以及实时地图更新）。RSU 和蜂窝基础设施的结合，可降低部署成本，带来可观的经济效益。蜂窝厂商在部署、管理和维护复杂通信系统方面的丰富经验不仅能节省成本，还能创造新的商业模式和服务机会。第三代合作伙伴计划（3GPP）定义了严格的最低性能要求规范，以确保可预测、统一且有保证的现场体验，支持与道路安全同等重要的应用。例如，3GPP 定义了误块率（BLER）的最低要求，以在不同信道状况和高达 500 km/h 的速度下确保可靠的通信。与基于 IEEE 802.11p 的技术不同，每个 C-V2X 收发器/芯片组供应商都必须遵循这些规范，从而在实际使用中支持可预测且一致的性能。

C-V2X 另一个优势是有一个非常明确的技术演进路线，如图 4-15 所示。在 2017 年 3GPP 发布的 Rel-14 版本中，明确了 C-V2X 的技术规范，且在 2018 年 6 月份通过的 Rel-16 新立项中，将继续研究在 5G 框架下如何支持 V2X 演进到 5G 新空口 C-V2X。C-V2X 是唯一具有清晰 5G 演进路径的 V2X 技术，并后向/前向兼容。众所周知，5G 有三个基本场景,第一是增强型移动宽带,主要针对速率提升;第二是超高可靠与低延迟的通信,支持关键业务型服务;第三是大规模机器类通信,支撑海量物联网。

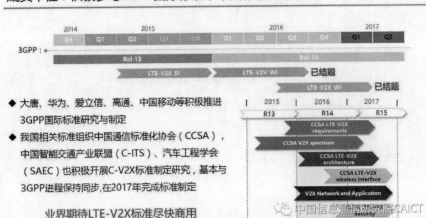

图 4-15 C-V2X 技术演进路线

对于汽车行业的未来发展,这三点都至关重要。不管是应对各种不同应用场景,还是改善道路安全,这些都需要关键业务型服务的支持,C-V2X 由于蜂窝基础设施的中继性质,这种中继方式在时间敏感的车辆操作中可能会有安全隐患,例如,安全应用和自动驾驶车辆系统,因此 5G 将在后台起到非常重要的支撑作用。

基于 5G 的 C-V2X 技术会更好地改善自动驾驶。如果自动驾驶汽车只基于自身的传感器作出判断,就相当于是没有经验的司机只会盯着眼前一辆车,对于周围潜在的危险路况无法感知。只有整个交通系统在线,把感知能力扩展到每一辆车、每一条路、每一个交通信号,才能让自动驾驶汽车像老司机一样从容应对复杂的行车环境,这其中离不开 C-V2X 的技术支持。

DSRC 技术尽管开发了多年,但还是不成熟,除日本有局部部署外,到现在为止全球还没有商用的 DSRC 系统。反之,虽然 C-V2X 标准 2017 年 6 月才全部完成,但在过去一段时间内全球测试和验证进展飞速。如果没有 5G 和 C-V2X,就没有真正意义上的自动驾驶。

自动驾驶给整个通信行业提出了新的要求,比如需要更大的带宽、更低的时延来支持这些信息的分享。具体而言,自动驾驶场景下,汽车再聪明,也会碰到一些处理不了的紧急情况,这种情况下,需要做的是把驾驶员"挪到"云端。当汽车从自动驾驶状态脱离出来之后,通过强大的通信能力,就可以把现场的情况以摄像的形式或传感器的形式感知出来,然后通过上行的高速带宽传给云端,在云端的驾驶员以虚拟现实的形式感知路上的每一个状态,通过远端驾驶将汽车从极端的情况下开出来,让汽车恢复自动驾驶的状态。这就需要上行有巨大的带宽,而下行要有非常短的时延,只有 5G 技术才能实现。没有 5G 支持,L5 级别的自动驾驶是不可能实现的。

C-V2X 可在 ITS 频谱上工作,以保障安全、拯救生命。C-V2X 定义了两种互补的通信模式,共同支持一系列广泛的用例。对于主动式安全,C-V2X 直接利用统一的专用 ITS 频谱支持 V2V、V2P、V2I 直接通信。对于信息娱乐和非时延敏感信息安全用例(例如前方 1 km

处有交通事故),C-V2X 也支持车辆在蜂窝频谱上通过移动网络(V2N)与云端通信。在全球统一的 5.9 GHz ITS 频段中,C-V2X 能够利用低延迟直接通信技术发送安全信息(例如道路危险警告),而不受在支持车载信息和信息娱乐应用的商用蜂窝频谱频段上发送的 V2N 通信影响。

其实,从其最早的实现以来,无线蜂窝技术就是为支持高速传输而设计的。基于十多年的车载信息标准化和部署,3GPP C-V2X R-14 针对高速车辆用例(例如增强型信号设计)进行了进一步提升,在不同道路状况下支持相对速度高达 500 km/h 的车辆用例。所以,C-V2X 是面向高速车辆用例而设计。

V2X 早期主要是基于 DSRC 的专用短距离通信技术,DSRC 在美国已经经过多年的开发测试,后期随着蜂窝移动通信技术发展才出现了 C-V2X。一是 DSRC 专用短程无线通信标准以 IEEE802.11p 为基础,V2V 为其主要的应用方式,经过十多年的发展历史,形成以 NXP、ST、瑞萨等为主的传统汽车电子产业链;二是 C-V2X 是以 LTE-R14 技术为基础,通过 LTE-V-D 和 LTE-V-Cell 两大技术,支持包括 V2I、V2V、V2P 等各种应用,目前正处于标准制定的关键阶段,并在 2017 年 9 月制定了第一版的标准,形成以华为、高通等通信产业链企业、电信运营商和汽车企业为主的产业阵营。中国作为全球第一大汽车市场,目前尚未推出任何标准,但是车联网的标准制定势在必行。从我国拥有全球最大的 LTE 网络现状和 C-V2X 演进的技术优势来看,C-V2X 应该是国内 V2X 技术标准的首选。

C-V2X 正获得生态系统的广泛支持。2017 年 3 月,3GPP 完成了 C-V2X Rel-14 规范。通过汇聚来自不同行业的不同参与方,5GAA 已协助定义并测试了 C-V2X 技术协议和规范。许多汽车制造商正在全世界开展 C-V2X 的工程和外场操作测试。高通除与福特在美国进行的性能测试之外,还有与奥迪合作的欧盟 ConVeX 外场测试,以及与标志雪铁龙集团在法国合作进行的"Towards 5G"试验。在 2017 全球移动宽带论坛期间,华为与沃达丰合作完成了欧洲首个 5G 远程驾驶测试,在汽车位于 50 km 以外、以每小时 20 km/h 左右的速度行驶时,远程遥控汽车的制动响应误差仅为 6 cm。

与此同时,中国企业也在积极参与 C-V2X 技术协议和规范建设,3GPP 提出的 C-V2X 技术标准在快速走向产业化,我国企业在 3GPP 中主导了部分 C-V2X 标准的制定及后续演进技术的研究。大唐基于自主研发的芯片级解决方案,于 2016 年 11 月发布了 C-V2X 车载终端和路侧通信测试设备,2017 年底发布基于 3GPP R14C-V2X 的预商用通信模组;华为在 2016 推出支持 C-V2X 的车载终端原型机;国际通信企业爱立信、英特尔、诺基亚等也在积极推动 C-V2X 芯片和设备产业化;奥迪、丰田、上汽、长安、东风等车企纷纷联合通信企业开展 C-V2X 技术测试。我国早在 2015 年启动了基于 C-V2X 技术的车联网频谱研究,2016 年 11 月工业和信息化部正式划分 5905-5925 MHz 用于 C-V2X 技术试验,并通过北京-保定、重庆、浙江、吉林、湖北、上海及无锡等车联网示范区开展测试和实验验证。2020 年 7 月,3GPP 建立了一个重要里程碑——完成 Rel-16,开启了 5G 演进的新篇章。Rel-16 另一个关键发明领域是面向蜂窝车联网(C-V2X)的基于 5G NR 的直连通信。高通公司一直积极推动 Rel-14 和 Rel-15 C-V2X 的发展,旨在提供基础安全特性。在此基础上,高通公司继续推动 Rel-16 中的直连通信技术,关键增强特性将支持协作式驾驶和传感器共享等先进应用。Rel-16 在更高吞吐量、更低时延、基于距离的可靠多播、分布式同步和统一服务质量控制等多方面带来显著提升——这些将有助于提高自动驾驶和半自动驾驶的效率和安全性。Rel-

16 中基于 5G NR 的直连通信是另一项基础科技,可应用于广泛的未来新领域,例如公共安全通信和商业应用。未来全球 V2X 市场可能会出现 DSRC 或 C-V2X 技术一家独大的情况,也可能同时存在 DSRC 和 C-V2X。如果是一家独大的情况,多数人可能更倾向于认为 C-V2X 会独领风骚,对技术持续迭代性、可靠性和信号传输迟滞性等来说有较大优势。

4.3 卫星定位系统和惯性导航系统

4.3.1 卫星定位系统

卫星定位系统也叫全球卫星导航系统(Global Navigation Satellite System,GNSS),是获取车辆位置和行人位置数据的一个重要手段,是实现自动驾驶的一个关键技术,可用于车辆实时环境感知地图的创建、高精度地图的制作和自动驾驶决策子系统的路径规划、行为决策和运动规划等。

卫星定位系统可以分成空间段、地面段和用户段。

卫星定位系统的空间段是由各种不同运行轨迹的轨道卫星组成的混合导航星座。这些卫星位于距地表 2 万多千米的上空,均匀分布在数个轨道平面上,使得用户在全球任何地方、任何时间都可观测到 4 颗以上的卫星,卫星上的设备包括收发信系统和星载原子钟。

卫星定位系统的地面段包括一个主控站、数个全球监测站和数个地面控制站。监测站装有原子时钟和能够连续测量到所有可见卫星的接收机,监测站将获得的卫星观测数据(包括电离层和气象数据)进行处理后,传送到主控站。主控站从各监测站收集跟踪数据,计算出卫星的轨道和时钟校准等参数,然后将结果发送到地面控制站。地面控制站在每颗卫星运行至其上空时,将这些校准参数及主控站指令注入卫星,进行轨道精准和时间精度等参数校准,每颗卫星每天进行一次参数注入及校准。

卫星定位系统的用户段主要包括卫星接收机(终端)、相关的应用系统与应用服务等。卫星接收机可集成在其他无线终端内,如车载终端或智能手机。卫星接收机的主要功能是捕获与接收卫星关于运行轨道和时间的信号,接收机中的微处理器可据此计算卫星的位置,然后再进一步计算用户所在地理位置的经度、纬度、高度、速度和时间等信息。

1. 卫星定位的原理

卫星定位系统利用三边测量法进行定位,如图 4-16 所示。卫星接收机通过测量卫星到接收机的传输时间,获得卫星与接收机的距离 $s(s=ct,c$ 为光速,t 为传输时间)。由于卫星在地球上空的位置(经度、纬度和高度)是确定的,因而在距离一定的情况下,便可确定接收机处于地球表面的一个圆上。

假如测量到接收机与卫星 A 的距离为 20 000 km,可以确定接收机处于距卫星 A 为 20 000 km 的地球表面圆 A 上。测量到接收机与卫星 B 的距离为 22 000 km,可以进一步确定接收机处于距卫星 B 为 22 000 km 的地球表面圆 B,且与圆 A 的两个交叉点上。再对卫星 C 进行测量,便可以确定接收机处于其中的一个交叉点。接收机可能使用第 4 颗卫星对前三颗卫星的测量位置进行确认,以取得更好的效果。

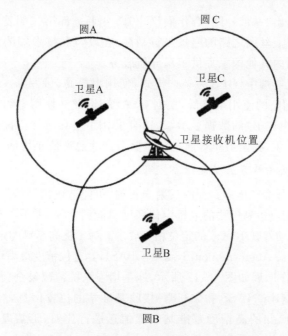

图 4-16 卫星的三边测量法定位原理

2. 卫星定位系统的发展情况

目前全世界的卫星定位系统有 4 个，分别是美国的全球定位系统（Global Positioning System，GPS）、俄罗斯的全球卫星导航系统"格洛纳斯"（Global Navigation Satellite System，GLONASS）、欧洲的卫星定位系统"伽利略"和中国的北斗卫星导航系统。

1994 年 3 月，美国经过 20 余年的研究和实验，耗资 300 亿美元，建成全球覆盖率高达 98%、包括 24 颗 GPS 卫星的定位系统，可以保证在任意时刻，地球上任意一点都可以同时观测到 4 颗卫星，以提供导航、定位及授时等功能。

1993 年，俄罗斯开始独自建立本国的全球卫星导航系统 GLONASS，该系统于 2007 年开始运营，最初只开放俄罗斯境内的卫星定位及导航服务。到 2009 年，其服务范围已经拓展到全球，GLONASS 导航系统目前在轨运行的卫星为 30~34 颗。

1999 年，欧洲提出"伽利略"卫星定位系统，准备发射 30 颗卫星，计划于 2020 年发射完毕。

20 世纪后期，中国开始探索自己的卫星导航系统发展道路，逐步形成三步走发展战略：2000 年年底，建成北斗一号系统，向中国提供服务；2012 年年底，建成北斗二号系统，向亚太地区提供服务；2020 年前后，建成北斗全球系统，向全球提供服务。

1994 年，中国启动北斗一号系统工程建设。到 2003 年，共发射 3 颗地球静止轨道卫星，建成系统并投入使用，采用有源定位体制，为中国用户提供定位、授时、广域差分和短报文通信等服务。

2004 年，启动北斗二号系统工程建设。2012 年底，完成 14 颗卫星发射组网。北斗二号系统在兼容北斗一号技术体制基础上，增加无源定位体制，为亚太地区用户提供定位、测速、授时、广域差分和短报文通信等服务。其定位精度优于 10 m，测速精度优于 0.2 m/s，授时精度优于 50 ns。

我国于2013年提出"一带一路"合作倡议,2015年商务部第三部委发布《推动共建丝绸之路经济带和21世纪海上丝绸之路的愿景与行动》。在政策和技术端的双重驱动下,北斗导航走出国门,为世界范围内其他国家提供卫星导航服务。

目前,在所有导航终端中,GPS为必选模式,使用率最高,俄罗斯GLONASS的使用率超过50%。而北斗、伽利略的使用率略低,根据GSA统计,北斗使用率约25%。《中国卫星导航与位置服务产业发展白皮书》的数据显示,2019年我国卫星导航与位置服务产业总体产值达3 450亿万,2011—2019年,我国卫星导航与位置服务产业总产值年均增长达22.1%。

3. 地基增强系统及高精度卫星定位

在城市里,卫星信号会产生多路径的反射与折射,可能造成信号传播时间的误差,从而降低车辆定位的精度。利用三边测量法的卫星定位精度只能到米须,可用于车载信息服务的汽车导航业务,但满足不了自动驾驶10 cm的定位精度要求。为了提高车辆的定位精度,可以采用地基增强系统(Ground-Base Augmentation System,GBAS),其定位精度最高可达毫米级。

地基增强系统工作原理如图4-17所示,地基增强系统须建设全覆盖的基准站,基准站首先从卫星(北斗、GPS、GLONASS和伽利略)接收基准站的位置信息,然后将接收到的一般精度基准站位置信息与已知的高精度基准站位置信息进行比对,形成基准站的位置差分修正信息。

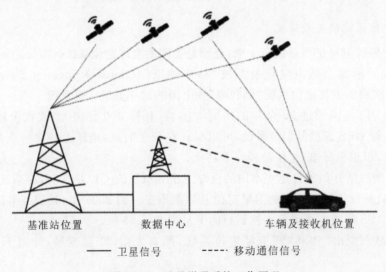

图4-17 地基增强系统工作原理

基准站通过网络将其位置差分修正信息发给数据中心,数据中心形成覆盖全国的基准站位置差分修正信息数据库。数据中心根据车辆所在的位置,将对应位置方圆100 km左右的位置差分修正信息,通过蜂窝移动通信(3G/4G/5G)等无线通信方式,发送给车辆的卫星信号接收机。接收机从卫星获得关于用户终端的一般精度的位置信息,并与从数据中心接收到的关于用户终端的位置差分修正信息进行比对,通过计算获得高精度的车辆位置信息。

美国的GPS地基增强系统——连续运行参考站系统(Continual Operational Reference System,CORS)由美国政府、公司、大学、研究机构和私人组织等共同建设,由美国国家大地测量局领导和管理,其地基增强基站数为1 900多个,可以实时提供厘米级和后处理毫米级的高精度定位服务。

2016年6月,中国发表《中国北斗卫星导航系统》白皮书,提出要持续建设和完善星基和地基增强系统,大幅提高系统服务精度和可靠性。中国兵器工业集团公司承担北斗地基增强系统建设的总体任务,到2017年已经完成全国1 200个站网的建设,可以实时提供米级、分米级、厘米级和后处理毫米级的高精度定位服务。

受到一些因素的影响,我国很难在海外建立地面站,造成无法通过星地链路来进行时空数据同步。2015年8月,我国首次实现星间链路,解决了星地运控、测控、数据传输方面存在的困难。2020年6月,我国完成29颗已入网北斗三号卫星星间链路的测试工作。

4.3.2 惯性导航系统

1. 惯性导航系统的工作原理

惯性导航系统(Inertial Navigation System,INS)简称惯导系统,是一种不依赖于外部信息,也不向外部辐射能量的自主式导航系统。惯性导航系统是获取车辆行驶数据(车辆行驶的速度、加速度和方向)的主要手段,也是为自动驾驶提供实时性定位功能的一种关键技术。惯性导航系统的核心部件是三个轴陀螺仪(旋转运动传感器)和三轴加速度传感器,它以牛顿力学定律为基础,测量运动物体的运动方向和在三个方向上的加速度。

陀螺仪的工作原理是:当陀螺仪转子高速旋转时,由于具有惯性,它的旋转轴永远指向一个固定方向。因此,可以根据陀螺仪的惯性,测量运动物体在三个方向的角速度并对角速度与时间进行积分,通过计算得到运动物体的角度变化量,与初始角度相加,就可以得到运动物体当前的运动方向。

三轴加速度传感器主要测量运动物体在三个方向上的加速度,其工作原理是:对加速度传感器进行一次积分,计算物体在三个方向上的运动速度。对物体每个时刻的运动方向和运动速度进行积分,得到物体的运动轨迹和行驶距离。结合物体的初始位置,从而得到运动物体的当前位置。

惯性导航系统有以下优点:

(1) 它不依赖于任何外部信息,也不向外部辐射能量,故隐蔽性好,不受外界电磁干扰的影响。

(2) 可全天候工作于空中、地球表面乃至水下。

(3) 数据更新频率高,可达每1 kHz,即每1 ms刷新一次车辆位置信息。

2. 惯性导航系统与卫星的融合定位

卫星定位系统加上地基增强系统后对车辆的定位精度很高,一般可达厘米级。但是卫星定位系统也存在缺陷:一是卫星接收机若受到建筑物阻挡或在地下隧道中,就不能有效接收位置信息;二是卫星定位系统的位置更新频率大约为10 Hz(100 ms刷新一次位置信息,对于126 km/h的车速,行驶距离达3.5 m),不能满足车辆的实时定位要求,自主式自动驾驶要求数据刷新的时间间隔不能大于10 ms(对于126 km/h的车速,10 ms行驶距离为0.35 m)。

惯性导航系统数据更新频率高,可达1 kHz,每1 ms可刷新一次车辆位置信息(对于126 km/h的车速,1 ms行驶距离是3.5 cm)。但是惯性导航系统也存在缺陷:惯性导航系统的行驶距离经过两次积分产生,定位误差随时间的累积而增大,其定位精度只能在很短的时间内有效。

利用惯性导航系统数据更新频率高的优点,可以弥补卫星定位系统数据刷新频率低的缺陷,满足车辆的实时性定位要求;利用卫星定位系统定位精度高的优点,定期地(100 ms)校准惯性导航系统的定位信息,可以消除惯性导航系统的累积定位误差。

自动驾驶领域常利用卡尔曼滤波器综合卫星定位系统和惯性导航系统的定位优点,提供融合的、实时的、高精度的车辆定位能力。

利用卡尔曼滤波器融合卫星定位系统与惯性导航系统的定位原理,具体如图4-18所示,它主要包括位置预测和位置更新(校准)两个部分。首先,利用惯性导航系统输出车辆加速度和运动方向的信息,计算车辆的位移,结合车辆上一个时刻的位置信息,预测车辆当前的位置,其车辆位置数据的更新频率为1 kHz。然后利用卫星定位提供的高精度车辆位置信息,校准并更新车辆位置,消除惯性导航系统累积产生的车辆定位误差,车辆位置校准更新的频率为10 Hz。

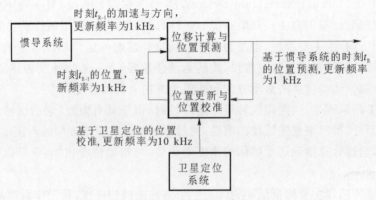

图4-18 惯导系统与卫星的融合定位原理

复习思考题四

1. 车联网有哪些基本通信方式?
2. 什么是V2X通信?
3. 简述DSRC通信协议。
4. 简述蜂窝移动通信。
5. 简述卫星定位和惯性导航系统的工作原理。

第 5 章　车载终端与车载信息服务

5.1　车载信息娱乐系统

车联网应用最开始是以车载信息服务的形式进入汽车行业的,就像移动互联网应用最开始是以信息服务的形式进入消费市场的一样。汽车车载终端是从汽车的中控台发展起来的。最初,汽车生产厂家在中控台加装音、视频与导航一体化的车载主机(Audio Video Navigation,AVN),如图 5-1 所示,称为载信息娱乐系统。随着蜂窝移动通信和移动互联网的发展,车载信息娱乐系统通过与车载信息控制单元集成,被连接到车联网服务平台。连接车载信息控制单元的车载信息娱乐系统构成车载信息服务终端,也叫车载终端。

图 5-1　车载主机 AVN

汽车中控台是指位于车辆内部前驾驶舱中间位置的控制面板,是驾驶人员了解车辆状态以及操纵车辆的控制装置,也是实现车辆与驾驶人员交互功能的车载设备。汽车的中控台功能包括车载信息娱乐、车内空调系统控制、辅助电源插座、便携烟灰缸和后排乘客的空调出风口等,奔驰某款车型的中控台如图 5-2 所示。

1924 年,雪佛兰汽车率先将无线电收音机装配到汽车中控台上,使中控台具备了娱乐的功能。2000 年以后,随着多媒体技术的发展,中控台通过一个中央处理器和屏幕,提供了集导航、收听广播、播放 CD 于一体的 AVN,即车载信息娱乐系统。

智能化的车载主机或车载信息娱乐系统还支持语音控制,使得驾驶员双手不离开方向盘,便可以播放音乐以及规划导航路径。以特斯拉为代表的大"PAD"式中控台更是赋予中控台超前造型,整个中控台浓缩为一个巨大的屏幕,类似于一个巨大的手机,上面显示各类车辆信息,同时使用虚拟按钮替代几乎所有的传统按键,让中控台向智能化迈出了更大的一步。

随着汽车电子应用技术的不断发展,包含 AVN 主机的中控台逐渐成为一个"行车综合平台",集成了车载 DVD、行车记录、倒车影像、与智能手机互联的投影模式、多媒体中控、Wi-Fi、蓝牙免提通话、辅助泊车和车载信息服务等功能。

图 5-2 奔驰某款车型的中控台

5.2 车载信息服务终端与应用

车载信息娱乐系统经蜂窝移动通信(3G/4G/5G)和移动互联网,连接到车联网服务平台,可以实现车载信息服务。汽车零部件供应商按照整车厂的要求,设计并在车内安装车载信息控制单元(Telematic Control Unit,TCU),以便远程获取车辆数据,并对车辆进行远程控制。车载信息娱乐系统与车载信息控制单元结合,构成车载信息服务终端或车载终端。为了实现网联协同驾驶和协作式智能交通,车载终端还将引入 V2X 协同通信单元。在自动驾驶阶段,车载终端还将集成车载计算平台作为车载终端的计算处理单元。

车载信息服务终端体系架构如图 5-3 所示,其中,TCU 通过车内 CAN 总线获取车辆数据,如驾驶行为、汽车用量、车辆状态以及电动汽车的电池电量数据等。TCU 内置通信单元经卫星定位与惯导系统获取车辆位置以及行驶数据,经蜂窝移动通信将车辆数据上传到车联网服务平台(Telematics Service Provider,TSP),经 V2X 通信与周围的人-车-路交换数据。

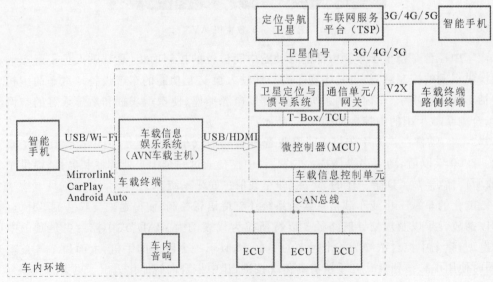

图 5-3 车载信息服务终端体系架构

车载信息服务平台、车载信息控制单元和车载信息娱乐系统可为驾驶人员提供车载信息服务，也可以通过USB、Wi-Fi或HDMI接口将智能手机与车载娱乐系统相连，让手机的应用直接投影在车载信息娱乐系统中，这便是车载信息服务的投影模式。

车联网相关行业从车联网服务平台获取车辆数据，可为驾驶人员提供远程故障诊断、维修保养、驾驶人员行为习惯分析、车联网保险业务和汽车分时租赁等车辆大数据信息服务，此类市场的进一步推广取决于车辆数据的开放性，还可以通过检测安全气囊的汽车碰撞告警数据，并将其上传至车联网服务平台的呼叫中心，实施紧急救援与道路救援服务等基于车载信息的被动安全类服务。

基于车载信息控制单元，也可构成独立的商业运输服务终端，为车队或驾驶人员提供商业运输服务。

通过车联网服务平台和车载信息控制单元，可远程实现车辆控制、远程控制车辆监控、ECU软件更新等远程控制类业务。为了保障车联网的信息网络安全，一些整车厂会将TCU与车载信息娱乐系统独立设置，这时的TCU也叫车载信息控制终端（Telematics-Box，T-Box）。

智能手机可以实现对车辆的远程控制，如远程启动发动机以去除冰雪、远程控制车内空调的开关和车窗门的开关等。为了防止车辆遭外部恶意入侵，智能手机首先需要进行安全认证与注册，之后安装远程控制APP。远程控制APP将控制指令发给车载信息服务平台（Telematics Service Provider，TSP），经TSP的后台服务器安全认证后，TSP再将控制指令发给T-Box，同时将远程指令的执行结果或者车辆状态信息发送给手机用户。车载T-Box接受TSP发送的远程控制指令，以及T-Box反馈给TSP后台的状态信息都须经过密钥的加密处理，以防黑客恶意入侵。用户可以通过TSP、TCU及网关和CAN总线，对车辆ECU软件进行空中下载技术（Over-the-Air Technology，OTA）升级。

T-Box可为车主提供车辆监控及自动报警功能。当车辆处于停车熄火状态时，T-Box仍可持续不断地检测GPS位置偏移信息。如果检测到车辆发生异动，T-Box上的通信模块会将信息上传至TSP后台，后台将发送警报信息给用户。该功能不仅可以提供给车主车辆被盗时及时的提醒，并且可以对车辆进行实时的位置追踪。

5.3 车载信息服务终端操作系统

车载操作系统（AutomoTive Operating System，AOS），是管理和控制车载硬件与车载软件资源的程序系统，是直接运行在裸机上的最基本的系统软件，任何上层软件、人机接口（Human Machine Interface，HMI）和数据连接都必须在操作系统的支持下才能运行。车载操作系统是用户和车载硬件的接口，同时也是车载硬件和上层软件的接口。车载操作系统的功能包括管理车载系统的硬件、软件及数据资源，控制程序运行，改善人机界面，为上层软件提供支持，让车机系统的资源以及接收到数据、信号、音频、视频最大限度地发挥作用，提供各种形式的用户界面，使驾驶员有一个良好的驾驶环境，并有效地提供辅助驾驶、半自动驾驶，甚至自动驾驶。

车载信息服务终端软件层面的操作系统主要包括WinCE、QNX、Linux和Android等。WinCE是微软1996年发布的嵌入式操作系统，到现在WinCE版本已经发展到7.0。但是,随着用户需求的增多以及改变,WinCE 高度模块化的开发流程使得用户越来越少,应用越来越匮乏。虽然 WinCE 可能会成为历史,但是它为车载 VOS 的起步奠定了坚实的基础。微软汽车操作平台是一个方便车载开发的应用开发平台,它提供了丰富的编程环境,软件应用开发者可以开发并加入自己的功能,同时,微软汽车操作系统还可以连接广泛的外围设备,包括连接网管、互联收音机和多媒体设备等。图 5-4 为微软旗下的 Windows Embedded Automotive 7 平台架构。

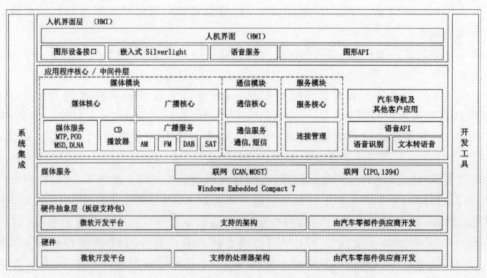

图 5-4 Windows Embedded Automotive 7 平台架构

以高效性和灵活性著称的 Linux,是一个基于 POSIX 和 UNIX 的多用户、多任务、支持多线程和多 CPU 的操作系统,能运行主要的 UNIX 工具软件、应用程序和网络协议,支持 32 位和 64 位硬件。Linux 包括带有多个窗口管理器的 X - Windows 图形用户界面,如同使用 Windows 一样,允许使用窗口、图标和菜单对系统进行操作。同时,Linux 继承了 Unix 以网络为核心的设计思想,是一个性能稳定的多用户网络操作系统。Linux 操作系统结构设计偏重于可靠性和网络设计,所以,在后台服务器和数据中心操作系统中占据着领先地位。Linux 的普及范围小和开发难度大,限制了它在车载导航和车载娱乐上的发展。但是随着车联网、ADAS 的介入,对可靠性以及网络设计的需求也许会使 Linux 异军突起,成为 VOS 的热门系统。

Android 是基于 Linux Kernel 开发的最成功的产品。2009 年,谷歌和一些硬件厂商组成的开放手机联盟发布了 Android 系统,现在已经成为最流行的终端用户操作系统。Android 系统最大的优势在于拥有庞大的手机群体,为其操作系统(Operating Sysyem,OS)开发了数之不尽的应用,并且大多数应用已经深入人心。而且,随着车联网的开发,这些应用应该很快能移植到车机中来,为车载娱乐系统开创互联网新时代。但是,Android 操作系统并未在手机上占据统治地位,主要原因是系统的实时性和稳定性无法保障。对资源的过分需求,这也许会是 Android 成为未来 VOS 最大的障碍。

QNX 系统由黑莓公司在 1980 年开发,从思科的路由器,洛克斯德马丁的武器,GE 的交通设备,飞利浦的医疗,阿尔斯通的轨道交通,霍尼韦尔欧姆龙的工业设备,西屋电气的核反应堆控制器,到国际空间站的对接臂控制系统等,QNX的软件涉及人们生活中的每一个环节。QNX以安全性和实时性著称。它的突破口是汽车的仪表。QNX操作系统可以满足数字化仪表盘功能性安全的要求,同时兼顾了数据安全的要求。用户可以基于安全的内核进行系统开发,从而保证整机系统的安全可靠。

iOS是由苹果公司开发的移动操作系统。苹果公司最早于2007年公布这个系统,最初只设计给iPhone使用,后来陆续扩展到iPod touch、iPad以及Apple TV等产品。iOS与苹果的Mac操作系统一样,属于类Unix的商业操作系统。2018年,苹果公司宣布把iOS系统应用于自动驾驶车辆上。

在以上几种常见的车载操作系统中,WinCE版本老旧,在未来市场逐渐将被淘汰;Linux系统免费、稳定的特性使得它在市场中占据着领先地位,但是还需要强大的开发团队来支撑后续的发展;Android系统具有数量众多的手机群体,但是目前系统的实时性和稳定性还无法保障;QNX系统具有稳定的安全性和实时性;iOS系统背后有强大的公司支撑。目前,车载操作系统的发展尚处在初期阶段,竞争对手较多,但智能汽车渗透率还处在比较低的水平,因此车载电子操作系统的价值还远未体现,未来车载操作系统还须进一步开发以展现其巨大价值。

车载信息服务终端就是一台放置于车内的计算机系统设备,车载信息服务终端软件体系结构与嵌入式计算机系统软件体系结构一致,它位于硬件层之上,包括应用程序层、系统服务层、操作系统层、硬件抽象层和硬件层。

(1) 应用程序层。位于软件层次结构的最顶层,负责系统功能和业务逻辑的实现。从功能角度看,应用程序下所有层次的模块都为应用程序服务;从系统来看,每个应用程序可能只是操作系统中的一个单独进程;通常应用程序运行在权限较低的处理器状态下,使用操作系统提供的应用程序接口(Application Programming Interface,API),实现与操作系统的交互。

(2) 系统服务层:操作系统提供给应用程序的服务接口,这一层也被称作中间层,应用程序借助这层提供的接口才能为操作系统提供的服务,包括文件系统、图形用户界面和任务管理等。

(3) 系统操作层。统一管理硬件资源的软件系统,它将硬件的诸多功能进行抽象,以服务的形式提供给应用程序。车载信息服务终端软件层面的操作系统主要包括WinCE、QNX、Linux和Android等。

(4) 硬件抽象层。介于硬件层和操作系统层之间的一层软件,它对各类异构硬件(中央处理、图像处理、基带处理、多媒体编解码、存储器和外设等)进行抽象,包括启动引导程序、板级支持包和设备驱动程序。启动引导程序是在OS内核运行之前的一段程序,以完成硬件的初始化。板级支持包和设备驱动程序都用来屏蔽抽象各种硬件差异,为操作管理硬件提供统一的软件接口。

5.4 整车厂主导的车载信息服务模式

车载信息服务起源于通用汽车公司。1995年,通用汽车公司成立全资的车载信息服务公司——安吉星(OnStar)。1997年,安吉星在通用的Denali/Envoy品牌汽车上安装安吉星终端,并陆续开通车联网车载信息服务和数据信息服务,包括自动撞车报警、道路援助、安全保障、全音控免提电话、远程车辆诊断和汽车导航等服务。

2002年，福特汽车开始与ATX公司合作，提供车载信息服务。2007年，福特和微软共同推出车载信息服务系统SYNC，其提供的业务包括免提通话、声控音乐播放、紧急救援、收听短信、语音导航以及第三方开发者基于福特车内人机交互界面（HMI）API开发的福特车内使用和控制的手机应用APPLink。

美国大部分的品牌汽车厂都已被并购整合在三大汽车集团（通用、福特与克莱斯勒）之下，汽车集团在产业链上讨价还价的能力很强，而且研发投入分摊到每一辆车的成本相对较低，很容易主导并垂直集成车载信息服务，产业链中上下游参与者之间的关系是基本固定的契约关系，切换参与者的成本相对较高。

日本整车厂与美国整车厂的车载信息服务模式类似，丰田、日产和本田在2002年相继推出他们的车载信息服务品牌G-Book、CarWings和Internavi。2014年，丰田和IBM公司合作开发车载终端以及可以在丰田车内进行人机交互的智能手机第三方应用开发平台。

美国和日本车厂提供的车载信息服务内容主要有汽车导航服务、车载信息娱乐服务、通信服务、车载上网服务和道路救援与紧急救援服务等。

（1）汽车导航服务。汽车导航服务的地图服务提供商利用全球卫星导航系统、基站定位等定位技术，通过车载信息服务终端为驾乘人员提供导航、位置查询、实时路况和在线更新地图等服务。

（2）车载信息娱乐服务。为驾驶人员在驾驶期间提供信息与娱乐服务。为了驾驶安全，信息与娱乐服务主要以听觉为主，包括无线广播电台、报纸和互联网新闻播报、音乐播放、天气和交通信息等。车载信息娱乐服务提供的方式有两种，一种是通过车联网服务平台向车载终端提供，这是信息娱乐内容提供商与车联网服务平台提供商合作；另外一种是通过投影模式将智能终端或MP3上的内容在车载音响上播放，这主要由驾驶员将内容下载到智能终端或MP3上进行播放。

（3）通信服务。车载通信服务是利用车载信息服务终端的语音和数据通信功能，为驾乘人员提供接听和拨打电话、收发短信等信息服务。语音通话是车载通信业务最基本的功能，一些车载信息服务终端配置有数字拨号键盘，还有一些车载终端支持语音拨号，通话过程中优先支持免提方式。语音通话服务需要车载通信终端和移动网络等基础设施的支持，车载信息服务终端可插入网络运营商的用户身份识别卡（SIM卡），车载终端的SIM卡可与驾驶人员的用户智能终端的SIM卡捆绑在同一账号下进行统一付费。此外，车载语音通话服务还支持紧急呼叫功能，在汽车遇到紧急情况时，驾驶人员可以通过一键呼叫立即联系呼叫中心寻求帮助。另外，车载信息服务终端的通信功能还支持文本、多媒体消息的收发，驾驶人员既可以通过车载信息服务终端进行点对点的短信服务，也可以接收和发送图片、语音、视频等多媒体信息。

（4）上网服务。车载上网服务是车载信息服务的一种，它是指通过车载终端的无线数据通信功能，为驾乘人员提供收发电子邮件、访问互联网网站等服务。随着4G、5G移动互联网的快速发展，车载上网服务迎来新的发展机遇。4G网络理论峰值传输速度可以达到下行100 Mb/s、上行50 Mb/s，极致快速的网络数据传输速率是车载上网服务的保障。

（5）道路救援与紧急救援服务。道路救援服务是指为故障车主提供包括诸如拖吊、换水、充电、换胎、送油以及现场小修等服务。紧急救援服务是指交通事故道路救援，包括伤员救治、道路疏导等。在城市生活中，道路交通紧急救援工作可以依托于城市紧急救助系统。城市紧急救助系统集成各种信息与通信资源，将110报警服务台、119火警、120急救以及122交通事故报警台纳入统一的指挥调度系统,使各部门、各警区和各警种形成统一的调度平台,提高道路交通事故的快速反应、救援能力和科学决策水平。在中、小城市中,基础设施并不完善,借助传统的救援系统不能得到更好的救援服务,在此情况下,汽车生产厂商和汽车信息服务提供商通过车载终端系统提供紧急救援服务。

复习思考题五

1. 简述通过车联网服务平台和车载信息控制单元可远程实现的业务。
2. 简述车载信息服务终端软件层面的操作系统,以及各操作系统的优、缺点。
3. 简述车载信息服务终端软件体系结构。
4. 简述目前整车厂可实现的车载信息服务内容。

第6章 车联网大数据及其应用

6.1 车联网大数据特征

车联网的领域与大数据息息相关,现在很多一线大城市的交通管理部门都有交通仿真系统,交通仿真可以清晰地辅助分析和预测交通拥堵地段和原因。此外,全国的出租车都安装了GPS,这些数据可以很方便地用于交通仿真研究。高速公路、国道、省道等路况复杂,路况信息供应商可以利用这些路段的路况数据分析为客货运车辆提供路况信息数据,降低事故的发生率等。随着互联网技术的发展,数据量越来越大,大数据时代(Big Data)已经来临,车联网应该如何有效利用大数据是目前亟待解决的问题。

大数据(Big Data)又称为巨量资料,指所涉及的资料量规模巨大到无法通过目前主流软件工具,在合理时间内达到撷取、管理、处理并整理成为帮助企业经营决策等目的资讯。大数据有巨大、多样化、低密度和处理速度快四大特征。第一是数据体量巨大,从 TB 级别跃升到PB 级别;第二是数据类型繁多,包括网络日志、视频、图片、地理位置信息等;第三是价值密度低,商业价值高,以视频为例,在连续不间断监控过程中,可能有用的数据仅仅 1~2 s;第四是处理速度快,在数据处理速度后面有一个著名的 1 s 定律,也就是要在 1 s 之内获得有用数据。

车联网中的大数据应用具有非常典型的特征。车辆上传的每一组数据都带有位置信息和时间,大数据的特征是完整和混杂,小数据的特征是部分和确切,车联网与车有关的大数据特征是完整和精确。例如,某些与车辆本身有关的数据,如结构、参数、型号等,都有一个明确的ID,这为大数据分析带来方便。车联网与人有关的大数据特征是完整和部分精确,因此研究车联网的大数据更有意义。

车联网的大数据在预测方面可以发挥重要作用,比如预测交通堵塞地段、实时交通信息、主动安全、公交排班等,也可以用于驾驶者的驾驶行为分析。

1. 车联网的大数据应用之一——公交系统

公交系统涉及运营排班管理和运营计划制订两个方面,排班管理要综合考虑行车作业计划的优化、线路调整优化、自动排班及电子路单生成等,也要根据各个时间段、各站点的客流量大小、线路配备的运营车辆数量、线路配备驾驶人员数量、线路长度、车辆运行速度等参数确定一条线路在各个时间段的配车数及发车间隔,从而解决运力配备最少、车辆运行距离最短、驾驶员作业时间最少这三大问题。而对于运营计划的制订,需要根据客流量、节假日、气候、节气、自然灾害、道路、车况事故、历史同期数据、售票方式和居民小区建设等条件建立计划模型,从而用最快的速度对这些影响运营计划的因素做出反应。比如增加线路、增加车辆、增加司机等。

2. 车联网的大数据应用之二——物流系统

车联网的大数据可以获取高速公路、国道、省道的实时路况,为加油站、维修站、服务站的选址等提供依据。移动中的每一辆货车都可以看成一个移动云仓储空间。例如,对于在途存货的管理,供应链模型可以根据产品线、运输费用甚至碳排放量而提供极为准确的维护成本视图,这些详细信息使公司能够更加真实地了解任意时间点的运营情况,对配送中心内的物理存货配置进行模拟和自动化处理。大数据帮助评估政策和供应链变化的能力使得公司增强了对客户的响应能力,同时减少了流动资金,节省了大量成本。又比如,沃尔沃公司通过在卡车产品中安装传感器和嵌入式CPU,从刹车到中央门锁系统等形形色色的车辆使用信息不断地传输到沃尔沃集团总部,通过对这些数据的分析,不仅可以帮助车厂制造更好的汽车,也可以帮助客户们获得更好的体验。

3. 车联网的大数据应用之三——乘用车

乘用车涉及车辆监测、主动安全、呼叫中心和行车影像等,这里以主动安全为例,介绍大数据在车联网的应用。汽车的安全措施可以分为主动安全措施和被动安全措施,主动安全措施是为了防止事故发生,被动安全措施则是为了最大限度降低事故后果。主动安全是指尽量自如地操纵控制汽车的安全系统措施,无论是直线上的制动与加速,还是左右方向的稳定性控制,都是为了在不影响驾驶员视野和操作性能的前提下,尽量提高汽车的安全性和舒适性。目前,车联网所提供的主动安全方面的措施有直接和间接两种:直接的有胎压监测、故障预警、碰撞报警、安全气囊弹出报警、紧急救援等;间接的有一键通、声控等措施。

汽车对非结构化道路的准确识别,体现在弯道识别、路边状态、附近车辆提醒等,通过各种传感器、雷达、摄像头等实时监控路边的状态。对驾驶者驾驶情况的监测,如眼睛是否看前方,手是不是握在方向盘上,会根据车辆周边的状态及时提醒驾驶员,如果前面车距很近,而驾驶员没有目视前方,则会提醒驾驶员甚至采取措施帮助驾驶员回到正常的驾驶状态等。再比如,通过车与车通信,当前车急刹车时,可以实现前面车刹车后及时发出信息,周边的车及时得到信息,这样给驾驶者一个提前预警,如有校车、警车或急救车在附近时,汽车会接收到信息,知道旁边有特殊车辆需要进行避让,或者采取减速措施来给车辆提供方便,这也是车与车及车与环境通信的主动安全保障措施。

随着互联网的不断发展,大数据正在成为一股热潮,越来越多的政府机构、企业和个人都意识到数据将是巨大的信息资产,正在对生活和各个行业产生巨大影响。车联网作为移动互联网大背景下的一个产物,其本质也是依附于各种设备间的数据连接从而产生巨大的经济效应。车联网正在冲击着汽车产业的传统发展路径,使整个汽车产业进入全新的数据控制时代。

6.2 网联驾驶典型应用

网联驾驶应用参照美国交通部的网联汽车应用分类,大致分为7种类别,包括交通安全、交通管理、公交运输管理、商业运输管理、节能环保、道路管理以及车辆与个人出行。

这些网联驾驶应用的目的各不相同:交通安全类应用的目的是减少或消除车辆碰撞事故的发生;交通管理类应用的目的是根据交通和运输状况,对交通进行管理,减少交通拥堵,提高道路运行效率;节能环保类应用的目的是通过交通管理,降低尾气排放,提高能源效率;道路管理类应用的目的是根据道路气象和道路性能情况,进行道路养护决策,提高道路性能;公交运输管理类应用的目的是通过对公交车辆的调度管理,提高公交运输和乘客出行效率的与体验;商业运输管理类应用的目的是通过对运输企业、商业车辆和物流中心的调度管理,提高商业运输和效率;车辆与个人出行类应用的目的是根据交通、道路、气象和公交等信息制订车辆或个人的出行计划,提高出行效率和出行体验。

6.2.1 交通安全应用

我们知道,车联网是使用无线通信、传感探测等技术,收集车辆、道路、环境等信息,通过V2V、V2I、V2P 的信息交互和共享,使车和基础设施之间智能协同与配合,从而实现智能交通管理控制、车辆智能化控制和智能动态信息服务的一体化网络。

交通安全应用通过 V2V、V2I、V2P 的协同通信,传输车辆数据、交通运行数据、出行数据、运营数据和行人数据,在汽车的终端、个人的智能手机等生成交通安全应用,以减少或消除碰撞事故。在出现交通事故后,应急管理中心协调交通管理中心、公路管理中心、道路救援企业和医院等进行必要处置,以减少伤亡,降低对道路交通的影响。

网联驾驶交通安全应用共有两个子类:V2V 交通安全应用和 V2I 交通安全应用。

1. V2V 交通安全应用

V2V 交通安全应用通过 V2V 协同通信方式实现道路交通安全。V2V 交通安全应用要求车辆通过本车的 OBE 以无线通信的方式,向周边车辆广播本车位置数据、车辆行驶数据(如速度、加速度、方向等)和车辆操作数据(踩油门、踩刹车和操作方向盘等)。当一辆汽车可实时地接收周边全部车辆的位置、行驶和操作数据时,该车便可以建立一幅以本车为中心,反映与其他周边车辆的相对位置、相对速度及方向的动态地图。当一辆车与本车的相对距离小于基于相对速度而产生的安全距离时,本车车载终端会向驾驶人员发出安全警告。本车车载终端发出的安全警告是面向驾驶人员的操作提醒,提示驾驶员进行适当操作(如踩油门、踩刹车和操作方向盘等)。

V2V 交通安全应用根据不同的应用场景,分为 15 个应用。

(1)换道时盲区有车警告应用。提醒驾驶人员在变化车道时盲区有车,或盲区很快将被另一同方向行驶的车辆占领,即使驾驶员不打算变换车道,该应用也提醒驾驶员相邻车道的盲区被另一个车辆占领。

(2)车辆失控广播警告应用。当本车失去控制时,向周围车辆广播失控事件信息。当周围车辆接收到失控事件信息时,接收车辆计算确定与该事件的相关性,必要时向驾驶人员发出警告。

(3)前方会车请勿超车警告应用。在本车驾驶人员想要超越前方同一车道慢速行驶的车辆时,由于超车区域被前方反向行驶的车辆占领,警告本车驾驶人员不能安全超越。

(4)紧急制动警告应用。在本车紧急制动时,向周围车辆广播紧急制动事件信息(主要是车辆操作数据)。当周围车辆收到紧急制动事件信息时,接收车辆计算确定与该事件的相关性，必要时向驾驶人员发出警告，以免碰撞。

(5) 应急车辆提醒应用。应急车辆(包括救护车和消防车等)向周围车辆广播有应急车辆通过信息。当周围车辆收到信息时，接收车辆提醒驾驶人员应急车辆的位置和行驶状态，以免本车驾驶人员干扰应急车辆的行驶。

(6) 前向碰撞警告应用。前向碰撞警告应用(Forward Collision Warning,FCW)提醒驾驶人员可能追尾碰撞另一辆在前方同一车道行驶的车辆。该应用从前方车辆接收其车辆位置和车辆速度(也就是车辆行驶数据)，并计算是否可能发生前向碰撞。

(7) 岔路口驾驶辅助应用。在车辆进入岔路口时，向周边车辆广播车辆位置、车辆行驶和车辆操作数据，本车根据周边车辆的位置、行驶和操作数据计算确定可能出现的车辆碰撞概率，当碰撞概率较高时，向本车驾驶人员发出警告。

(8) 摩托车接近警告应用。当有摩托车从后面或交叉路口接近时，摩托车向周边车辆广播车辆型号、车辆位置和车辆行驶数据，当碰撞概率较高时，向汽车和摩托车驾驶人员发出警告。

(9) 碰撞前应急措施应用。在车辆即将发生碰撞前采取应急措施以减轻伤害。本应用与前向碰撞警告应用是关联的，如果碰撞即将发生，则采取应急措施，包括气囊装置预备、安全带装置预紧、保险杠延伸或降低和紧急制动辅助系统预备。

(10) 危险道路状况感知应用。危险道路状况感知应用让本车根据从远方车辆接收到的危险的交通状况数据、道路基础设施数据和车辆操作数据，综合判断是否存在危险，以便采取应对措施，并向周边车辆接力广播危险交通状况数据和本车车辆操作数据。

(11) 慢速车辆警告应用。当本车接近前方缓慢移动的车辆时，向驾驶人员发出警告，车辆慢速可能是车辆本身是特种车辆或其他原因造成的，本应用可与前向碰撞警告应用结合使用。

(12) 驻定车辆警告应用。在本车接近前方驻定车辆时向驾驶人员发出警告，前方车辆可能因为碰撞或故障等原因而驻定在车道上，本应用可与前向碰撞警告应用结合使用。

(13) 尾随过近提示应用。根据本车与前方车辆的位置数据和行驶数据综合判断车辆间距是否太近，如果车辆间距太近，则向本车驾驶人员发出提示，本应用可与前向碰撞警告应用结合使用。

(14) 回答应急车辆事故信息应用。事故车辆(车辆碰撞或者危险品车辆事故)回答应急车辆相关信息，车辆位置数据、车辆状态数据(如安全气囊是否打开、发动机工作状态等)或危险品种类及其泄漏情况等，以便应急车辆提前准备。

(15) 公交车前有车右转提醒应用。在公交车停于公交车站时，如果附近有车辆右转换道驶入公交车的前方，则向公交车的车载终端发送车辆位置数据和车辆操作数据，帮助公交车驾驶人员判断是否有车辆右转换道至前方。

2. V2I 交通安全应用

V2I 交通安全应用，就是车与路应用，是指路侧终端以无线通信的方式，向往来车辆发送本区域周边道路交通的数据，如交通标志、交通状况和道路基础设施数据，以便来往车辆根据本车的行驶、位置和基本数据，判断可能出现的交通危险或违规情况，必要时向本车驾驶人员发出提醒、提示或警告。

V2I 交通安全应用根据不同的场景共包含 14 个应用，分为五大类：第一类与交通标志相关；第二类与交通标志数据联合使用相关；第三类与交通信号相关；第四类与道路基础设施数据相关；第五类与应急处理相关。

(1) 弯道车速警告应用。弯道车速警告应用在汽车接近弯道时,弯道的路侧终端向车辆和驾驶人员发出警告,并推荐行车速度,如果路侧终端感知车辆实际的行车速度超过推荐的弯道速度,则向驾驶员发出警告。

(2) 车载标志应用。本车的车载终端向其他车辆驾驶人员等道路交通参与者提供交通管理和警告信息,起到临时交通信号灯或交通标志的作用,主要提供临时性的交通标志数据(如封闭道路、车道封闭、车道位移、临时性限速等)。

(3) 超大尺寸质量车辆警告应用。路侧传感设备感知车辆基本数据后(这些数据包括质量和尺寸,也可预先存储在车载终端),由路侧终端将该数据与道路基础设施数据(这些数据如桥梁尺寸、隧道尺寸或桥梁最大负重等)一起发送到车载终端,如果有危险,车载终端向驾驶人员发出警告。

(4) 人行横道有人警告应用。路侧传感设备或行人按钮感知人行横道的行人位置,并通过行人的智能终端或路侧呈现设备向行人发出警告,通过路侧终端向车载终端和驾驶人员发出人行横道有人的警告。

(5) 铁路岔口警告应用。经路侧终端向车载终端和驾驶人员发出铁路岔口有列车即将通过或正在通过的提醒或警告,并将铁路岔口的道路尺寸等道路基础设施数据发送给车载终端。

(6) 红灯即将出现警告应用。在汽车接近有交通信号灯的交叉路口时,路侧终端向车载终端发出交叉路口的交通控制数据以及交叉路口的道路尺寸等道路基础设施数据,车辆同时根据自身的车辆行驶数据判断是否会闯红灯。

(7) 限速形式与车道封闭警告应用。当汽车接近限速的区域或车道封闭时,路侧终端(或者手提式路侧终端)向车载终端发出临时交通标志信息(主要是限速信息、车道封闭和车道位移信息)。车辆根据这些数据以及本车的车辆行驶数据判断是否发出警告。

(8) 禁行车道警告应用。当汽车接近禁行车道时,路侧终端向车载终端发送交通标志数据,如果车辆已处于禁行车道,则向驾驶人员发出警告。

(9) 受天气影响的危险区域警告应用。

(10) 无信号灯岔路口停车标志辅助应用。

(11) 无信号等岔路口停车标志违规警告应用。

(12) 车辆接近施工区警告应用。

(13) 碰撞后自动接力通知应用。

(14) 应急通信与疏散应用。

6.2.2 交通管理应用

交通管理相关应用利用 V2V 与 V2I 协同通信和蜂窝移动通信方式交换车辆数据、交通运行数据和行人位置数据,实现交通管理平台、公路管理平台与驾驶人员和行人之间协同通信,以提高交通运输效率,进行交通性能监控和交通规划。

交通管理相关应用根据不同的应用场景共有 11 个;利用 V2V 与 V2I 协同通信方式交换数据进行交通管理的应用有 4 个;通过 V2I 协同通信将交通控制数据发送到交叉路口的交通信号灯及其路侧终端进行交通管理的应用有 3 个;通过蜂窝移动通信或 V2X 协同通信为车辆提供停车相关信息服务的应用有 1 个;交通性能检测和规划方面的应用有 1 个;基于道路气象

的交通管理应用有2个。交通管理应用的具体内容如下：

(1)协同式自适应巡航控制应用。这是驾驶辅助的自适应巡航控制(Adaptive Gruise Control,ACC)的演进,它利用V2V协同通信自动地同步车队(车龙)中的车辆运动。该应用还可通过路侧终端向交通管理中心发送车队车辆位置、车辆行驶、车辆加入和驶出数据及交通状况数据。车载终端通过路侧终端从交通管理中心接收自动巡航控制参数,包括道路基础设施数据、车队规模、行驶速度、车辆间隔以及车辆限制等参数。

(2)拥堵警告应用。利用协同通信,让堵车队列中的车辆自动广播其拥堵状态信息,以及车辆操作数据(快速地减速等)和车辆位置数据,发送给后来车辆、路侧终端和交通管理中心。交通管理中心确认拥堵后,将拥堵警告信息发送给其他车载终端。

(3)车速协调应用。该应用的目的是调节通往拥堵路段、事故发生路段以及其他影响交通运行地点的道路上车辆的行驶速度,从而实现这些路段车辆的流畅行驶,减少不必要的停留和重启,保持稳定的行驶速度,减少油耗和排放。

(4)基于车辆数据的交通运营管理应用。通过从车载终端接收车辆位置、车辆行驶、车辆状态和车辆碰撞等数据,从路侧传感设备接收交通状况数据,交通管理平台通过分析,检测出潜在的交通事故等并将它们转发给应急管理中心等交通运输管理部门进行交通管理,如交通信号控制、车速限制等。

(5)应急车辆优先通行应用。应急车辆在接近交叉路口时,通过路侧终端向交通管理中心发送车辆位置,车辆行驶、交通控制状态数据和路口优先通行请求,交通管理中心处理后将交通控制指令通过路侧终端发送到应急车辆的车载终端和路侧呈现设备,一般的呈现设备如信号灯等。

(6)智能信号灯系统应用。交通管理中心收到车载终端经路侧终端发来的车辆位置、车辆行驶、交通控制状态、通行请求或信号灯相位配时延长请求,以及路侧传感设备发来的行人位置和通行请求数据后,经过处理,将交通控制数据(也就是信号控制计划和命令)通过路侧终端发送到车辆的车载终端、行人的智能终端以及路侧呈现设备,以调节一个或一组交叉路口交通控制数据,包括通过交叉路口的车队。

(7)行人移动性应用。交通管理中心经路侧传感设备检测到,或者从路侧终端收到行人智能终端发来的行人位置和通行请求,经交通管理中心处理后,通过路侧终端将交通控制指令发送到行人的智能终端。比如残疾人在路上通行的情况,行人就可以获得优先通行权。

(8)智能停车场应用。停车管理系统将停车场数据发送到交通信息管理中心,驾驶人员或行人通过车载终端或智能手机及蜂窝移动通信,向交通信息管理中心发送停车场信息服务请求,并接收停车场数据信息。

(9)交通网络性能检测和规划应用。交通网络性能检测和规划的应用通过对联网的各类驾驶应用的数据进行大数据分析,以支持对交通网络的性能监控、交通规划和交通安全研究等。

(10)应急车辆道路天气信息与路由应用。应急管理中心从交通管理中心获得交通状况数据,从气象服务中心获得气象状况数据,并将收集到的原始数据利用道路天气警告算法生成短期的天气警报,例如,暴风、洪水影响的道路警报等,还有路由请求,例如需要应急管理的道路位置等数据,并发送给应急车辆的车载终端。

(11)基于天气的交通限速管理应用。这个应用是指交通管理中心通过路侧终端从个人、商业或专用车辆的车载终端获得交通状况和道路气象数据,从气象服务中心获得道路气象数据。交通管理中心基于道路天气来制定限速管理策略,并通过路侧终端将速度控制等临时交通标志指令数据发送到车载终端或路侧呈现设备。

6.2.3 运输管理应用

运输管理可以分为道路公交运输管理和商业运输管理两大类。首先介绍公交运输管理应用。公交运输管理应用通过获取车辆位置和车辆行驶等车辆数据、交通运行数据、公交运输和乘客出行等运输出行数据以及乘客位置数据等,进而对公交运输进行调度和管理,对公共交通进行管理。

1. 道路公交运输管理

公交运输管理应用有 7 个方面,分别为对公交车与乘客互相提醒和对公交车交通进行管理两个方面。

(1)公交车与乘客相互提醒应用。公交车即将驶入公交车站时,向站内乘客的智能终端发送公交车位置数据和公交运输数据,乘客智能终端向乘客发出公交车辆进站提醒,同时智能终端将乘客的出行数据发给公交车,并提醒公交车驾驶人员车内有乘客要下车。

(2)公交车进出站提醒应用。公交车即将驶入或驶出公交车站时,通过 V2V 协同通信向附近车辆的车载终端发送公交车的车辆位置、车辆行驶和车辆操作数据,让附近车辆提前做好准备。

(3)视障残疾人线路识别应用。视障残疾人的个人便携设备,比如个人携带的一些智能终端,可以通过公交站点的路侧终端向公交管理中心发送个人位置数据和出行请求,在公交车接近公交站点时,公交车的车载终端将公交线路和到达时间发给视障残疾人的个人便携设备,以提醒视障残疾人提前做好上车准备。

(4)公交停车请求应用。乘客可以通过个人智能终端或通过公交管理中心或利用公交站点的路侧终端,向快要到达的公交车的车载终端发送公交车停靠请求。公交车的车载终端将停车请求确认信息发送到乘客的智能终端或公交站点的公共信息设备。

(5)动态公交专用道应用。交通管理中心通过路侧传感设备获得交通状况数据,从公交管理中心获得公交运行状态和公交专用道使用请求,交通管理中心进行优化处理后,决定是否建立或拆除专用公交车道,通过路侧终端将车道变更、限制信息等临时交通标志数据发送到普通车辆与公交车的车载终端和路侧呈现设备。

(6)公交优先通行应用。公交管理中心向交通管理中心发送一段行程内的优先通行请求,或者公交车在接近交叉路口时,公交车的车载终端通过路侧终端向交通管理中心发送交叉路口优先通行请求,包括优先等级、绿灯的方向、时刻和持续时间。交通管理中心结合当前的交通控制状态和交通状况数据,将相应的交通控制指令发送到路侧呈现设备,并通过路侧终端发送到公交车的车载终端。

(7)环保公交优先通行应用。公交管理中心向交通管理中心发送一段行程内的优先通行请求,或者公交车在接近交叉路口时,公交车的车载终端通过路侧终端向交通管理中心发送交叉路口优先通行请求,包括优先等级、绿灯的方向、时刻和持续时间。交通管理中心结合当前的交通控制状态、交通状况数据和环境检测数据,根据减少尾气排放和环境污染的原则,将相应的交通控制指令发送到路侧呈现设备,并通过路侧终端发送到公交车的车载终端。

2. 商业运输管理应用

商业运输管理应用是利用协同通信获取车辆数据、交通运行和商业运输数据,对货物车辆、商业车辆和集装箱等商业运输车辆进行调度管理、检车监管,为商业运输管理中心、商业车队、物流中心、联运码头和车队驾驶人员提供运输相关的信息服务。商业运输管理相关应用根据不同的应用场景也有7个应用,分为四类:第一类是对货物车辆和商业车队进行调度管理的应用;第二类是对集装箱和商业车辆进行检查和监管的应用;第三类是对商业车辆交通进行管理的应用;第四类是为商业运输提供道路气象信息服务的应用。

(1)货物运输优化应用。在货物运输过程中,物流中心、商业运输管理中心与联运码头(如铁路和轮船码头等)和他们的商业车队以及货运车辆之间进行信息交换,将预约功能与码头排队状态和负载匹配结果进行集成,为铁路和轮船码头提供相应的货运车辆负载匹配、集装箱可用性和预约信息服务,为商业车队和驾驶人员提供联运码头的集装箱可用状态信息、码头排队长度及其估算的排队时间和车辆调度管理服务。

(2)货运动态出行规划应用。交通信息中心和交通管理中心、应急管理中心、公路管理中心、气象服务中心、物流中心、联运码头和商业运输管理中心交换商业运输业务数据、交通状况数据、道路状况数据、道路养护计划、气象状况数据信息、商业运输业务数据和商业车队的运行数据等,并与商业运输管理中心协同合作,为物流中心、联运码头、商业车队及其商业车辆提供货运计划、交通信息、超大超载车辆管理和车辆调度管理等服务。

(3)智能路边监测应用。商业运输管理中心通过路侧传感设备直接监测,或者通过路侧终端与商业车辆车载终端的协同通信,获得商业车辆和驾驶人员的身份数据、车辆行驶数据(如速度信息)、车辆基本数据(如尺寸、质量数据等)和商业运输业务数据,根据所获得的数据信息,决定商业车辆是否需要接受路边安全检查站的进一步检查。

(4)集装箱安全管理应用。安检、公共安全和边检结构协调商业运输管理中心,利用商业车辆及其集装箱的车载终端与路侧终端进行通信,对集装箱内的货物进行检查,协调物流中心对集装箱货物信息及其检查信息进行核对。该应用对港口和边境有较大价值,执法和安全机构能够检查、监管集装箱内的货物,以确保安全地应对危险事件。

(5)集装箱数据监测应用。商业运输管理中心利用商业车辆及其集装箱的车载终端与路侧终端进行通信,对集装箱运行状况数据(如湿度、温度和电池电量等)进行监测,为商业车辆驾驶人员和商业车队管理人员提供有关集装箱运行状况的信息服务。

(6)货运车辆优先通行应用。商业运输管理中心通过协调物流中心、联运码头、商业车队及其货运车辆,将货运计划发送到交通管理中心,并申请一段行程内的优先通行计划,根据从交通管理中心接收到的交通信号规划数据,将最后更新的路线和车辆调度计划发送到货运车辆的车载终端。

(7)货运车辆道路天气信息服务。交通信息中心从交通管理中心获得交通状况数据,从气象服务中心获得气象状况数据,并利用道路天气警告算法生成短期的天气警告信息,通过运输管理中心发送到货运车辆的车载终端,该应用可以利用气象状况数据提供中长期道路天气状况咨询服务,例如2~12 h气象状况咨询或者12 h以上的天气状况咨询等。

6.2.4 节能环保应用

节能环保应用通过获取车辆行驶、汽车状态(如汽车尾气的测定)、车辆基本数据(如尾气排放参数)等车辆数据和从环保管理中心获得的环境监测数据,经过数据分析后进行相应的交通管理,以降低尾气排放,从而减少环境污染,降低油耗和提高能源利用效率。根据不同的应用场景,节能环保应用共有12个。

(1)网联环保驾驶应用。车载终端通过路侧终端经交通信息中心从交通管理中心和公路管理中心获得交通控制与道路基础设施数据,从其他车辆获得车辆位置和车辆行驶数据,经优化处理后,向驾驶人员提供最佳的驾驶操作建议,以减少油耗,降低尾气排放。

(2)动态环保路由应用。驾驶人员或行人向交通信息中心提出行程需求,交通信息中心从交通管理中心获得交通状况数据,从环保管理中心获得环境监测数据(这里主要指空气质量),从公交管理中心获得公交信息,将这些信息提供给驾驶人员的车载终端或行人的智能终端,这些终端对获得的信息数据优化处理后,向驾驶人员或行人提出具有最少油耗和最低尾气排放的行驶线路。

(3)交通信号灯路口环保通行应用。车载终端经交叉路口的路侧终端从交通管理中心获取交通控制数据,从公路管理中心获取道路基础设施数据,从其他车辆获取车辆位置、车辆行驶数据,这些数据信息经车载终端优化处理后,向驾驶人员提出最佳的行驶速度建议,以便车辆顺利地通过处于绿色信号灯的路口,或提出减速建议,让车辆以最为环保的方式停在路口。

(4)环保协同自适应巡航控制应用。该应用以V2V协同通信的方式,在本车和车队之间交换车辆位置、车辆行驶以及车队协调数据,以确定队首车辆的速度、加速度和位置,控制车队中的车辆加速度和刹车,以与队首车辆保持最小的安全间隔。

(5)综合环保通道管理与决策支持系统。该应用从交通管理中心、气象服务中心、公交管理中心、应急管理中心、公路管理中心和环保管理中心分别收集交通状况数据、气象状况数据、公交运输业务数据、紧急事件信息、道路养护计划和环境监测数据,根据这些数据为公路干线、高速公路和公交系统制订对交通走廊造成最小环境影响的运行策略,并发送给相应的管理中心。

(6)环保车道管理应用。交通管理中心通过路侧终端接收或从路侧传感设备感知获得交通状况数据,从环保管理中心接收环境监测数据,主要是大气污染数据,通过处理这些数据来决定是否建立专用车道,并将专用车道管理参数(包括允许通过的车辆类型、排放参数、车道数量以及车道开始与结束的位置等)通过路侧设备发送给车辆。

(7)环保匝道车流控制应用。交通管理中心通过路侧终端从车载终端或路侧传感设备获得车辆行驶、车辆基本数据和交通状态数据,从气象服务中心获得道路气象数据,从环保中心获得环境监测数据(如大气污染数据等),交通管理中心根据这些数据制订相应的匝道车流控制策略,通过路侧终端将相应的控制信息发送给车载终端,从而使车辆以最环保的方式出入匝道,减少整体排放量。

(8)环保车速协调应用。交通管理中心通过路侧终端从车载终端或路侧传感设备获得车辆行驶、车辆基本数据和交通状态信息,从气象服务中心获得道路气象数据,从环保中心获得环境监测数据。交通管理中心对获得的数据优化处理后,通过路侧终端将动态的速度控制参数发送到车载终端。这个应用的目的是调节通往拥堵路段、事故发生路段以及其他影响交通运行地点的道路上车辆的行驶速度,从而实现这些路段或地点的车辆流畅行驶,以减少不必要的停留和重启,保持稳定的行驶速度,减少油耗和尾气排放。

(9)环保交通信号配时应用。

交通管理中心通过路侧终端获取过往车辆的位置、车辆行驶和排放数据,从环保中心获得环境监测数据,从路侧传感设备获取交通状况数据,交通管理中心对这些数据优化处理后,通过路侧终端将交通控制参数发送给车载终端或路侧呈现设备,从而减少车辆在一定区域的油耗和排放量,最大限度地降低对环境的影响。

(10)充电桩管理应用。电动汽车的车载终端将电池电量和电池管理数据发送到充电桩的路侧终端,并从路侧终端接收来自充电桩的充电管理数据,包括充电桩位置、充电电流与充电电压、充电费用、等候时间以及支付要求等,充电完成后,汽车的车载终端通过路侧终端将支付信息转发给支付管理中心。

(11)低排放区管理应用。交通管理中心通过路侧终端和车载终端获取车辆排放和交通状态数据,并基于这些数据建立低排放区管理参数,例如,允许通过的车辆类型、排放标准、公交车辆优先通行支撑以及低排放区域的道路边界等。

(12)路侧照明管理应用。交通管理中心通过路侧终端和车载终端获取车辆位置、车辆行驶和交通状态数据,从交通信息中心获取道路气象数据,如大雾、雨雪等,交通管理中心根据这些数据和照明状态数据,将路边照明控制参数发送给路侧终端和路边照明系统,从而实现照明系统的动态调节。

6.3 车联网数据分析

6.3.1 数据挖掘概述

随着信息技术的不断推进和社会信息化进程的加快,数据库的规模正不断扩大,这个过程必将产生大量的数据。海量的数据背后总是隐藏着海量信息,无论从实践应用角度还是科学研究角度,这些信息都有可能存在巨大价值,人们也迫切希望对这些数据进行科学分析,以便发现潜在的规律。传统的信息提取手段只局限于对数据进行简单的数字处理,目前已经无法满足人们的需求。因此,急需一种新的、更先进的、适用于分析大量数据的技术,从而可以实现从数据中提取有价值的潜在的知识,数据挖掘技术就是在此背景下产生的。

数据挖掘是一个从已知数据集合中发现各种模型、概要和导出值的过程,其定义还没有完全统一。数据挖掘起源于多种学科,最重要的是统计学和机器学习,其中,统计学起源于数学,它强调数学的精确性,统计学要求在理论研究的基础上进行实践的检验。机器学习主要起源于计算机实践,更倾向于实践上的实用性。

在车联网系统中,利用数据挖掘技术,对原始的交通信息进行处理,研究成果应用领域广泛,如决策系统、交通诱导系统等。数据挖掘是多学科知识的综合,已经在车联网应用系统的研究中发挥着越来越重要的作用。在一些发达国家,公路监控系统非常完备,有些路段甚至实行了全程监控,从而能够从监控资源中获得大量的基础原始交通数据,国外对交通数据的分析研究工作开展得比较早,且研究深入、实用性广。

1. 数据挖掘的一般过程

空间数据挖掘是从空间数据库中提取隐含的、用户感兴趣的空间的和非空间的模式和普遍特征的过程。因此,数据挖掘模型的构建需要关注用户的需求以及用户所关心的模式和普遍特征。空间数据挖掘所获得的知识大多是经过归纳和抽象的定性知识,或是定性与定量相结合的知识。从空间数据库中挖掘数据和发现知识是一个多步骤相互关联、反复进行的交互过程。对于一般的空间数据库而言,仅作为数据的更新与维护,对集成了数据模型的决策支持系统或者数据仓库而言,模型的维护也是其中的一个重要环节,图6-1展示了空间数据挖掘的一般过程。

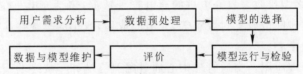

图6-1 空间数据挖掘的一般过程模型

其具体工作过程如下:

第一,用户需求分析。在了解空间数据挖掘领域一般情况的基础上,根据用户需求,结合现有的空间数据库以及空间数据挖掘模型,并联系相关的背景知识确定用户感兴趣的特征与模式的模型描述。

第二,数据预处理。一般而言,存在大量相关的完备或者不完备的海量数据与所解决的问题不直接关联的情况。因此,在模型化确立用户需求分析之后,就要从空间数据库中提取相关的数据进行分析评估、数据清理、数据变换和数据归纳,达到填充空缺值、识别孤立点、消除噪声和纠正数据中的不确定性等目的,经过这一系列预处理阶段,以保证数据的完整性、一致性和可用性等,为模型的建立做好铺垫。

第三,模型的选择。模型选择是数据挖掘的关键阶段,在这个阶段,根据用户需求,在分析相关数据的特征后,确定空间数据挖掘的目标知识类型,结合适当的数据挖掘技术,选择合适的数据挖掘和知识发现算法模型,并通过监督学习或者非监督学习算法,确立模型参数或者结构参数,以保证模型的准确、正常运行。

第四,模型运行与检验。根据选择的模型与知识发现算法,运行模型便可以从数据库中提取出用户需要的信息,并选择合适的知识表示方法表达,如关系表表示法(或称特征表表示法)、一阶谓词逻辑表示法、产生式规则表示法等。

第五,评价。依据某种统一的标准或有效性度量,对数据挖掘和知识发现的模型模式进行评价和度量,得出结论。

第六,数据与模型的维护。事实上,空间数据挖掘的基础在于海量的空间数据,而空间数据的产生依赖于信息系统长期的运行与积累,因此,在一般意义空间数据基础之上建立数据维护阶段是基于空间数据库的空间数据挖掘的基础,是其显著的特征之一,也是空间数据挖掘的特征之一。

2. 数据挖掘在车联网中的应用

数据挖掘在车联网中的应用非常广泛,并且车联网中的数据挖掘非常有实际意义。随着车联网系统产生越来越多、越来越丰富的交通数据,挖掘这些数据背后隐藏的知识的意义也越来越大。6-2图所示为数据挖掘应用的一般性平台结构,自下向上主要分为数据层、数据挖掘算法工具层、分析逻辑层和应用层。下面简单介绍结构图中各层的作用,联系车联网系统,并对数据挖掘应用的平台结构进行详细分析。

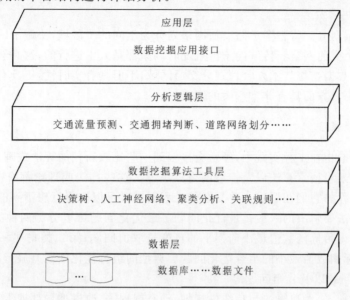

图6-2 数据挖掘应用的一般性平台结构

(1)数据层。获得原始的外部数据后,需要通过格式转换、数据清洗等步骤,将数据保存为内部数据,提供给后续的数据挖掘分析使用。良好的数据预处理能提高数据挖掘的效率和效果,因此,数据预处理是数据挖掘不可缺少的部分。本系统中,数据层中原始数据的获取渠道为车联网系统。

(2)数据挖掘算法工具层。这是一个数据挖掘算法工具集,包括数据挖掘算法、辅助算法及可视化方法等。工具集中的每个算法都是独立可调用的,同时,为了确保算法的灵活性,可将算法设计成参数可调、算法可变换的灵活配置方式,科学地留出接口给上层的分析逻辑层使用。本系统中,主要介绍了数据挖掘技术在车联网中的两种应用,即道路拥堵预测和车辆轨迹聚类分析。

(3)分析逻辑层。分析逻辑是分析模型针对具体分析方向有意义的集合,分析模型也是一个独立的个体。分析逻辑层是应用层的实现基础,在本系统中,分析逻辑层对数据挖掘的实现结果对应用层应用系统的实现提供支持。

(4)应用层。用户通过应用层调用分析逻辑设立的各种分析方法,所对应的分析逻辑实现应用层的分析能力。应用系统的实现方式有多种,例如B/S(Browser/Server,即浏览器/服务器)架构,C/S(Client/Server,即客户端/服务器)架构等。

数据挖掘技术在车联网中的应用实例:

(1)交通流量预测。准确的交通流量预测能为车主、行人出行带来非常好的便利。公路交通变化是一个实时、高维、非线性的过程,交通流量不仅仅与过去一段时间该路段的流量有关,还受上下游流量、天气、节假日等因素的影响,这都给交通流量的准确预测带来难度。使用数据挖掘技术解决车联网中交通流量的预测就是利用交通信息采集设备采集到的交通数据提取有效信息,结合交通流量的相关影响因素进行数据的统计和分析,找出规律性,建立预测模型。

(2)交通事故数据挖掘分析。分散在各公安局、保险公司的交通事故数据,是非常好的挖掘交通事故潜在共性和规律的资料,从各类数据中挖掘出的信息对构建交通安全、确保交通通畅具有非常重要的意义。由于这类数据一般都是保密的,因此,交通事故数据挖掘方面的成果还比较少。

(3)交通区域划分。将整个道路交通网络划分为不同的子区域,协调子区域的交通配时方案,从而优化整个交通网络。传统的子区域配时调整都是人工进行的,这必然会导致方案实施的滞后性。使用数据挖掘技术来合理划分交通区域,不但具有实时性,更具有自学习和自组织性,在缓解交通压力方面具有非常重大的意义。

6.3.2 智能算法

智能算法一般指在工程实践中,经常会接触到一些比较新颖的算法或理论,比如模拟退火算法、遗传算法、禁忌搜索算法以及神经网络算法等。这些算法或理论都有一些共同的特性,比如模拟自然过程。它们在解决一些复杂的工程问题时可以取得意想不到的效果。

智能优化算法要解决的一般是最优化问题。最优化问题可以分为两种类型:第一类是求解一个函数中使得目标函数值最小前提下的自变量取值问题;第二类是在一个解空间里面寻找最优解,使目标函数值最小的组合优化问题。典型的组合优化问题有旅行商问题、加工调度问题、0-1背包问题以及装箱问题等。

优化算法有很多,经典算法包括线性规划、动态规划等,改进型局部搜索算法包括爬山法、最速下降法等,模拟退火算法、遗传算法(图6-3所示为遗传算法工作过程,图6-4所示为遗法传算演化过程)以及禁忌搜索算法统称为指导性搜索算法,而神经网络算法(如图6-5所示)和混沌搜索算法则属于系统动态演化方法。

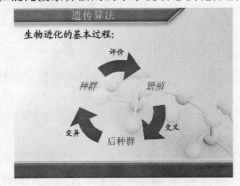

图6-3 遗传算法工作过程

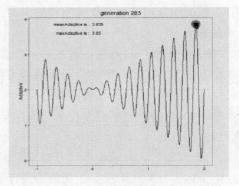

图6-4 遗传算法演化过程

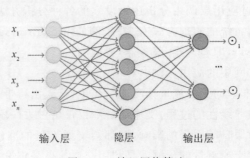

图6-5 神经网络算法

一般而言，局部搜索就是基于贪婪思想，利用邻域函数进行搜索，若找到一个比现有值更优的解，就放弃前者而取后者。但是，它一般只能得到局部最优解，就是说，在局部范围内这个解是最优的，但是放在全局比较却不一定是最优的。而模拟退火算法、遗传算法、禁忌搜索算法和神经网络算法等从不同的角度和策略实现了改进，取得了较好的"全局最优解"。

1. 模拟退火算法

模拟退火算法的依据是固体物质退火过程和组合优化问题之间的相似性。物质在加热的时候，粒子间的布朗运动增强，到达一定强度后，固体物质转化为液态，这个时候再进行退火，粒子热运动减弱，并逐渐趋于有序，最后达到稳定。模拟退火的解不像局部搜索那样，最后的结果依赖初始点。它引入了一个接受概率 P。如果新的点（将其设为 P_n）的目标函数 $f(P_n)$ 更好，则取 $P=1$，表示选取新点；否则，接受概率 P 就取当前点，设为 P_c，其目标函数设为 $f(P_c)$，新点的目标函数 $f(P_n)$ 也是另一个控制参数温度 T 的函数。也就是说，模拟退火算法没有像局部搜索算法那样每次都贪婪地寻找比现在好的点，目标函数差一点的点也有可能被接受。随着算法的执行，系统温度 T 逐渐降低，最后终止于某个低温，在该温度下，系统不再接受变化。

模拟退火算法的典型特征是除了接受目标函数的改进外，还接受一个衰减极限，当 T 较大时，接受较大的衰减；当 T 逐渐变小时，接受较小的衰减；当 T 为 0 时，就不再接受衰减。这一特征意味着模拟退火算法与局部搜索算法相反，它能避开局部极小，并且还保持了局部搜索的通用性和简单性。

在物理上，先加热，让分子间互相碰撞，变成无序状态，内能增加，然后降温，最后的分子次序反而会更有序，内能比没有加热前更小。值得注意的是，当 T 为 0 时，模拟退火算法就成为局部搜索算法的一个特例。

2. 遗传算法

"物竞天择，适者生存"是进化论的基本思想。遗传算法就是模拟自然界的进化论思想，将其用于优化问题。遗传算法是以群体中的所有个体为对象，并利用随机化技术指导对一个被编码的参数空间进行高效搜索。其中，选择、交叉和变异构成了遗传算法的遗传操作，参数编码、初始群体的设定、适应度函数的设计、遗传操作设计、控制参数设定五个要素组成遗传算法的核心内容。作为一种新的全局优化搜索算法，遗传算法以其简单通用、鲁棒性强、适于并行处理以及高效、实用等显著特点，在各个领域得到了广泛应用，取得了良好效果，逐渐成为重要的智能算法之一。

3. 粒子群算法

粒子群优化（Particle Swarm Optimization，PSO）算法是一种进化计算技术，1995 年由 R. Eberhart 博士和 J. kennedy 博士提出，源于对鸟群捕食行为的研究。该算法最初是受到飞鸟集群活动的规律性启发，进而利用群体智能建立的一个简化模型。粒子群算法在对动物集群活动行为的观察基础上，利用群体中的个体对信息的共享，使整个群体的运动在问题求解空间中产生从无序到有序的演化过程，从而获得最优解。粒子群算法流程如图 6-6 所示。

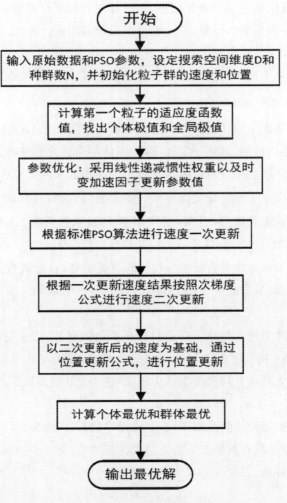

图 6-6 粒子群优化算法流程

PSO 算法同遗传算法类似,是一种基于迭代的优化算法。系统初始化为一组随机解,通过迭代搜寻最优值。但是它没有遗传算法用的交叉以及变异过程,而是粒子在解空间追随最优的粒子进行搜索。同遗传算法比较,PSO 算法的优势在于简单、容易实现并且没有许多参数需要调整。目前已广泛应用于函数优化、神经网络训练、模糊系统控制以及其他遗传算法中。

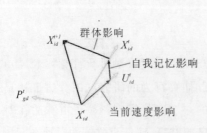

图 6-7 粒子群优化算法极值的搜索过程

图 6-8 模拟鸟类寻找食物

PSO算法模拟鸟群的捕食行为,我们可以设想这样一个场景:一群鸟在随机搜索食物,在这个区域里只有一块食物,所有的鸟都不知道食物在哪里,但是他们知道当前的位置离食物还有多远。那么,找到食物的最优策略是什么呢?最简单有效的策略就是搜寻目前离食物最近的那一只鸟的周围区域。

PSO算法从这种模型中得到启示并用于解决优化问题。在PSO算法中,每个优化问题的解都是搜索空间中的一只鸟,我们称之为粒子。所有的粒子都有一个适应度函数,该适应度函数的适应值就是这个粒子的取值。同时,每个粒子还有一个速度参数决定它们飞翔的方向和距离,然后粒子们就追随当前的最优粒子在解空间中搜索。

PSO算法初始化为一群随机粒子(也叫随机解),然后通过迭代找到最优解。在每一次迭代中,粒子通过跟踪两个极值来更新自己。一个极值就是粒子本身所找到的最优解,这个解叫作个体极值,我们设定为 p_{Best}。另一个极值是整个种群目前找到的最优解,这个极值是全局极值,设定为 g_{Best}。另外,也可以不将整个种群而只是将其中一部分作为粒子的邻居,那么在所有邻居中的极值就是局部极值,设定为 l_{Best}。

当前针对PSO算法开展的研究工作种类繁多,归纳整理为如下几类:
(1)对PSO算法进行理论分析,试图理解其工作机理。
(2)改变PSO算法的结构,试图获得性能更好的算法。
(3)研究各种参数配置对PSO算法的影响。
(4)研究各种拓扑结构对PSO算法的影响。
(5)研究离散版本的PSO算法。
(6)研究PSO算法的并行算法。
(7)利用PSO算法对多种情况下的优化问题进行求解。
(8)将PSO算法应用到各个不同的工程领域。

6.3.3 数据挖掘与智慧交通

随着汽车保有量迅猛增长,交通压力与日俱增,特别是在城市中,早晚交通高峰造成的交通拥堵处处可见。面对当前错综复杂的交通状况,为了有效地改善交通拥堵状况,满足人们工作和生活的交通需求,需要一种新的技术来综合协调整个交通状况,这种新技术需要依托现代网络技术、信息技术等多方面的先进科学技术,智慧交通便应运而生。

智慧交通就是利用智慧的方式来解决交通问题,并让交通管理变得智能化和自动化。智能交通中蕴含着电子信息技术、计算机技术以及控制技术等多种技术,其相互结合、相互辅助,形成了智慧交通技术。自智慧交通概念提出以来,就受到交通领域乃至全社会的广泛关注,交通部门开始致力于城市智慧交通服务系统的研究和建立,在实践中也开始不断探讨、不断完善。

随着城市规模的扩大和汽车保有量的增长,不断增长的交通流与有限的交通用地之间的矛盾凸显出来。受多方面因素的影响,城市交通基础设施建设速度远远跟不上交通流增长的步伐,更无法满足人们顺畅出行的需要,交通拥堵的情况在城市中普遍存在。智能交通服务系统建立的目的在于提高城市交通管理水平,缓解城市交通压力,充分利用已有的交通资源,满足人们便捷顺、畅出行的需要。从实际应用效果来看,智能交通服务系统目前面对的主要难题是海量的交通数据处理。在大数据时代,如何利用大数据技术对海量的数据进行挖掘和分析,使其更好地为智慧交通系统服务,是现代智慧交通服务系统需要解决、改进和完善的重点问题。

正如前面所讲的,数据挖掘技术可以对信息进行收集和处理,从海量的模糊数据信息中挖掘出潜在的有用信息。信息化时代从海量数据信息中提取有效的信息为智慧交通服务系统所利用,并根据信息分析结果得出为解决智慧交通有效的建议,是值得深入探讨的问题。

构建智慧交通服务系统的目的是更好地对城市道路路况信息和车辆情况进行监控和管理,其设计分为三层,分别是信息层、网络通信层和云服务层。

第一层为信息层。其主要功能在于信息采集,通过卫星定位终端对车辆的位置和路况信息进行实时采集,并通过网络传送到智慧交通云服务器。移动终端网络将居民的个人移动终端相关信息传送至智慧交通云服务平台,云平台通过多基站定位算法对车辆或者个人当前所处的具体位置、出现的线路等数据进行计算和处理。居民可以通过手机等个人移动终端安全便利地接收交通信息,享受智慧交通服务系统带来的便利。

第二层为网络通信层。其主要功能是数据传送,通过无线或有线的网络通信技术将前端采集的数据信息高速、准确地传送至云服务平台。

第三层是云服务层。主要负责数据编码的转换、数据挖掘分析和存储,对交通拥堵的时间、拥堵的程度进行分析和预测,特别是对市中心、商业区等人流密集的路段,为用户提供路况预测、路径优化、公交信息实时查询等交通服务。

针对眼下城市发展问题,智慧交通需要解决三个方面的问题:第一个是能够为居民出行提供便利;第二个是能够为专业用户提供解决方案;第三个是能够为交通管理部门提供高效的管理方法,并建立信息化的管理平台。在这三个方面都需要进行智慧交通的探索与发展,并且就实际情况开发新产品,例如车联网、无人驾驶技术等。

在为居民提供出行便利方面,目前研发的产品有无人驾驶和共享出行两种。无人驾驶是通过各类自动化和智能化的技术,实现汽车自动驾驶,从而解放驾驶者的双手,同时利用大数据,能够及时为无人驾驶的车在电脑提供充足的数据基础,通过大数据分析提供最佳行驶路径、最佳行驶速度等,避免发生交通事故的同时降低尾气排放。

共享出行是对地图进行大数据分析,得出城市内部交通状况后为驾驶人员提供更加快速安全的交通路线,将共享出行与公共交通系统相结合,能够为居民的出行提供更好的体验。

对专业用户而言,目前有汽车测试和运输信息服务两个产品。越来越多的汽车内部开始搭载各类高科技智能控制和数据采集设施,一方面为驾驶者提供舒适的驾驶体验,另一方面也便于汽车生产企业利用科学技术对车辆进行高效测试,从而生产更加符合用户需要的汽车。大数据能够及时为汽车生产企业提供海量的测试数据,从而降低汽车生产企业的测试成本,并可以为测试选择正确的场景和路线,保证测试数据的准确收集和存储。

运输信息服务则是基于车联网数据,搭建物流大数据服务平台。将物流相关数据进行统一的采集和融合,进行大数据分析。最终得出整个物流货运的运输情况、分布情况以及货源吞吐量的数据,为企业进行货物仓储规划、运输路线的优化、运输时间的分配以及人力、运力等资源的协调提供数据支持。

为交通管理部门提供高效的管理方法,包括服务方面和管理方面。服务方面可以通过对交通网络的数据进行统计与计算,进而实现科学、合理的交通路线设计。首先要对红绿灯的数量以及位置进行科学的估算,从而更好地布置交通线路网,提高城市交通的运行效率;其次要对关键路段的宽度进行调整,保证高峰时间段车辆的顺利通行;最后还需要在车流量较大的区域设置更多的停车场,方便驾车人员停车。

在管理方面,主要针对交通事故,通过大数据技术,可以科学地计算事故多发地区的范围,进而在多发地区进行限速,并利用高科技的测速工具有效地控制车速,避免交通事故的发生。此外,还能够利用大数据技术对各类交通事故的发生概率进行模拟,进而有针对性地对驾驶人员进行宣传教育,减少各类交通事故的发生。

复习思考题六

1. 简述大数据的定义、基本特征以及大数据在车联网领域的技术应用。
2. 交通管理类的 11 种应用涉及的相关信息获取方式、信息获取类型以及信息处理手段都是什么?
3. 运输管理应用中的道路公交运输管理和商业运输管理两大类应用,每一类应用又分为 7 个方面,请问各类应用的目的、数据来源及数据内容都有哪些?
4. 节能环保应用分为几个方面?各类应用的目的、数据来源及数据内容是什么?
5. 数据挖掘的定义和数据挖掘的一般过程是什么?
6. 论述遗传算法的基本思路。

第7章 自动驾驶与智能汽车

7.1 自动驾驶概述

自动驾驶指汽车能自动实现路径规划、行为决策和运动规划(速度和轨迹规划)等驾驶任务的能力。汽车像机器人那样依靠自身能力实现的自动驾驶,称作自主式自动驾驶,包括驾驶辅助、部分自动驾驶、有条件自动驾驶、高度自动驾驶和完全自动驾驶5个级别。通过通信手段将外部的环境信息引入汽车,增强汽车的感知与决策能力,可实现网联自动驾驶,或基于云端决策的网联自动驾驶。

7.1.1 自动驾驶分级

自动驾驶是汽车工业与人工智能、物联网、高性能计算等高新信息技术深度融合的产物,是目前和未来全球汽车与交通领域发展的主要方向,已经逐渐成为各国争抢的战略高地。自动驾驶具有环境感知能力,能够自动分析和识别汽车行驶的安全或危险状态,使汽车按照人的意志到达所需要去的地方,最终实现替代人进行驾驶操作的目的。实现各种复杂道路交通路况下的自动驾驶,很难做到一步到位,所以就需要对自动驾驶进行分级。目前全球汽车行业公认的汽车自动驾驶技术分级标准有两个,分别是由美国高速公路安全管理局(National Highway Traffic Safety Administration,NHTSA)和国际自动机工程师学会 SAE(Internation)提出的。NHTSA 和 SAE 对自动驾驶的分级如表 7-1 所示。

表 7-1 NHTSA 和 SAE 对自动驾驶的分级

自动驾驶		名称	定义	驾驶操作	周边监控	接管	应用场景
NHTSA	SAE						
L0	L0	人工驾驶	由人类驾驶者全权驾驶汽车	人类驾驶员	人类驾驶员	人类驾驶员	无
L1	L1	辅助驾驶	车辆对方向盘和加减速中的一项操作提供驾驶,人类驾驶员负责其余的驾驶动作	人类驾驶员和车辆	人类驾驶员	人类驾驶员	限定场景
L2	L2	部分自动驾驶	车辆对方向盘和加减速中的多项操作提供驾驶,人类驾驶员负责其余的驾驶动作	车辆	人类驾驶员	人类驾驶员	

续表

自动驾驶		名称	定义	驾驶操作	周边监控	接管	应用场景
NHTSA	SAE						
L3	L3	有条件自动驾驶	由车辆完成绝大部分驾驶操作,人类驾驶员需保持注意力集中以备不时之需	车辆	车辆	人类驾驶员	限定场景
L4	L4	高度自动驾驶	由车辆完成所有驾驶操作,人类驾驶员无需保持注意力,但限定道路和环境条件	车辆	车辆	车辆	
	L5	完全自动驾驶	由车辆完成所有驾驶操作,人类驾驶员无须保持注意力	车辆	车辆	车辆	所有场景

SAE 将自动驾驶分为 5 个级别,分别是 L0(无自动驾驶)、L1(辅助驾驶)、L2(部分自动驾驶)、L3(有条件自动驾驶)、L4(高度自动驾驶)和 L5(完全自动驾驶)。

(1) L0 级,无自动驾驶。在这个级别中,驾驶人员是整个汽车系统的唯一驾驶决策者和操作者,驾驶人员通过控制转向盘、油门、刹车、挡位等来实现对汽车的驾驶和控制。它的特点是完全由驾驶人员进行驾驶操作,属于纯人工驾驶,汽车只负责执行命令并不进行驾驶干预。它的对应产品为很多品牌的低端配置车,如奥迪 A1、宝马 1 系、长安奔奔、吉利远景 X1 等。

(2) L1 级,驾驶辅助。在这个级别中,系统可以提供方向和加减速中的一项驾驶辅助功能,例如 ACC 或车道保持驾驶辅助功能(Lane Keeping Assist,LKA),其他驾驶操作由驾驶人员完成。在这个阶段的汽车,如果出现紧急或危险状况,驾驶辅助系统以警告方式反馈给驾驶人员。驾驶辅助系统可以感知并判断驾驶人员是否进行了相应驾驶操作,如果驾驶人员没有对紧急危险状况进行相应驾驶操作,则驾驶辅助替驾驶人员采取行动,如紧急自动刹车,之后很快将控制权转交给驾驶人员。它的特点是有时能够帮助驾驶人员完成某些驾驶任务,且只能帮助完成一项驾驶操作。驾驶人员需要监控驾驶环境并准备随时接管。目前大多数车型都达到 L1 级别,如别克君威、荣威 550、广汽传祺等。

(3) L2 级,部分自动驾驶。这个级别的主要特征是两个以上的方向和加减速中的驾驶辅助功能被组合在一起,提供方向和加减速中的多项驾驶辅助,例如,自适应巡航驾驶辅助功能与车道保持驾驶辅助功能组合在一起,但驾驶人员需要时刻监视前方路况的变化,需要根据车辆环境随时接管对车辆的操作。适用于车道无变化的高速公路以及市区路段,无匝道和岔路口等。目前有长安 CS55(我国自主品牌里首款 L2 级自动驾驶量产车)、吉利博瑞 GE、宝马 7 系、特斯拉 Model S、凯迪拉克 CT6 等车型都达到 L2 级别。

(4) L3 级,有条件自动驾驶。这个级别的主要特征是由系统完成对转向盘、油门和刹车等大部分驾驶操作。在特殊情况下,如驶离高速公路等,车辆判断是否需要将车辆操控权交还驾驶人员,如果是,则提醒驾驶人员,驾驶人员按要求接管对车辆的驾驶操控。适用于高速公路全路段下的正常行驶、车道无变化的市区路段及无岔路口的道路等。L3 有条件自动驾驶级别对应的技术有激光雷达、高精度地图以及更大数据量的中央处理器等。2020年3月10日,长安汽车在重庆宣布其搭载L3级自动驾驶系统的全新车型"VIN-T"正式量产。

(5)L4级,高度自动驾驶。这个级别的主要特征是实现高速公路全部路况和特定市区全部路况的无人驾驶,例如封闭的小区或特定的市区。在特殊情况下,如驶离封闭的小区或特定的市区,系统会提醒驾驶员接管驾驶操控,驾驶人员可以不响应。L3和L4两个级别主要的区别是,在L3级别下,驾驶人员可短暂地释放对车辆的控制,如喝水、看书和上网等,而在L4级别下,驾驶人员可长时间地释放对车辆的控制。在L4级别下,驾驶人员高度自动驾驶对应的技术有激光、雷达、高精度地图、中央处理器、智能道路和交通设施等。目前,百度和金龙已经合作开发了一款无人驾驶巴士——阿波龙。

(6)L5级,完全自动驾驶。这个阶段是自动驾驶的最终阶段。在这个阶段,车辆可以在任何道路环境下完成对车辆全时段没有转向盘与刹车的无人驾驶,实现门到门的货物或人员运输。即从用户出发点直接运送到用户的终点,转向盘与刹车为可选项,驾驶人员操作也为可选项。这个级别的实现还需要突破高科技技术难点,因此还需进一步的深入研发。

7.1.2 汽车智能化

智能汽车指搭载车载传感设备、车载计算平台、人工智能软件、电子控制器和执行器等装置,融合蜂窝移动通信和V2X协同通信技术,使车辆具备复杂环境感知、智能化决策与控制功能的新一代汽车。汽车智能化是在汽车电子化基础上的继续发展,汽车电子化代替驾驶人员完成对汽车的操作与控制,汽车智能化将环境感知和驾驶决策交给汽车的车载计算平台和人工智能软件。智能汽车与自动驾驶是紧密联系的,但也存在区别。智能汽车强调汽车的复杂环境感知和智能化决策等技术能力,自动驾驶强调汽车的自动行驶能力。汽车智能化是实现汽车自动驾驶的基础,汽车自动驾驶是汽车智能化能力的展现。汽车智能化不仅可以用于实现汽车的自动驾驶,也可以用于实现智慧出行、智能交通和智慧城市管理等功能。

所谓智能车辆,就是在普通车辆的基础上增加了GPS接收器、激光测距仪、视频摄像头、毫米波雷达、控制器以及执行器等装置,通过车载传感系统和信息终端实现与人、车、路等的智能信息交换,使车辆具备智能的环境感知能力,能够自动分析车辆行驶的安全或危险状态,并使车辆按照人的意愿到达目的地,最终实现替代人来操作的目的。智能汽车要是有以下几个系统:一套导航信息资料库,存有全国高速公路、普通公路、城市道路以及各种服务设施(如餐饮、旅馆、加油站、景点、停车场等)的信息资料;GPS定位系统,利用这个系统精确定位车辆所在的位置,与道路资料库中的数据相比较,确定以后的行驶方向;道路状况信息系统,由交通管理中心提供实时的前方道路状况信息,如堵车、事故等,必要时及时改变行驶路线;车辆防碰撞系统,包括探测雷达、信息处理系统、驾驶控制系统,控制与其他车辆的距离,在探测到障碍物时及时减速或刹车,并把信息传给指挥中心和其他车辆;紧急报警系统,如果出了事故,将自动报告给指挥中心进行救援;无线通信系统,用于汽车与指挥中心的联络;自动驾驶系统,用于控制汽车的点火、改变速度和转向等。通过对车辆智能化技术的研究和开发,可以提高车辆的控制与驾驶水平,保障车辆行驶的安全、畅通和高效。对智能化的车辆控制系统的不断研究完善,相当于延伸和扩展了驾驶员的控制、视觉和感官功能,能极大地促进道路交通的安全性。

智能车辆的主要特点是以技术弥补人为因素的缺陷,使得即便在复杂的道路情况下,也能自动地操纵和驾驶车辆绕开障碍物,沿着预定的道路轨迹行驶。

智能汽车较为成熟和可预期的功能和系统主要包括智能驾驶系统、生活服务系统、安全防护系统、位置服务系统以及用车服务系统等,智能汽车有了这些系统的共同作用,相当于给汽车装上了"眼睛""大脑"和"脚"之类的装置。其中,各个系统又包括一些细分的系统和功能,比如智能驾驶系统是一个大的概念,也是一个最复杂的系统,它包括了智能传感系统、智能计算机系统、辅助驾驶系统以及智能公交系统等;生活服务系统包括了影音娱乐、信息查询以及各类生物服务等功能;位置服务系统除了要能提供准确的车辆定位功能外,还要让汽车能与另外的汽车实现自动位置互通,从而实现约定目标的行驶目的。

无人驾驶智能汽车将是新世纪汽车技术飞跃发展的重要标志,随着科技的飞速发展,相信在不久的将来,我们都可以领略到智能汽车的风采。智能汽车实际上是智能汽车和智能公路组成的系统,目前智能公路实现的条件还不具备,智能汽车的研发也处于实验阶段。

20世纪70年代,欧美等发达国家开始进行无人驾驶汽车的研究。进入21世纪,为促进无人驾驶车辆的研发,从2004年起,美国国防部高级研究计划局(Defense Advanced Research Projects Agency,DARPA)为大学和企业研究团队举办了"都市挑战"无人驾驶汽车比赛,该比赛对促进智能车辆技术交流与创新起到了很大的激励的作用。欧洲也相继举办了机器人汽车试验赛;2011年,荷兰组织了车辆协同竞赛,测试无人车辆在自主协同驾驶等实用化方向取得的进展。2012年,国际无人系统协会在美国底特律举办了无人驾驶汽车峰会,研究了未来无人驾驶车辆实用化所面临的挑战,并举办了智能地面车辆竞赛。

我国从20世纪80年代也开始着手无人驾驶汽车的研制开发,虽与国外相比还有一些距离,但也取得了阶段性成果。中国科学院合肥研究院、清华大学、国防科技大学、上海交通大学、西安交通大学、吉林大学、同济大学、天津军事交通学院以及长安大学等都有过无人驾驶汽车的研究项目,特别是北京理工大学和中国科学院合肥研究院,在无人车技术上已取得全国领先的水平,在国内的多个无人车比赛中经常受邀以表演队的身份参加。1992年,国防科技大学研制成功了我国第一辆真正意义上的无人驾驶汽车。由计算机及其配套的检测传感器和液压控制系统组成的汽车计算机自动驾驶系统,被安装在一辆国产的中型面包车上,使该车既保持了原有的人工驾驶性能,又能够用计算机控制进行自动驾驶行车。2000年6月,国防科技大学研制的第4代无人驾驶汽车试验成功,最高时速达76 km/h,创下国内最高纪录。2003年7月,国防科技大学和中国一汽联合研发的红旗无人驾驶轿车高速公路试验成功,自主驾驶最高稳定时速130 km/h,其总体技术性能和指标已经达到世界先进水平。

在国家基金委重大计划的支持下,从2009年开始,我国每年都举办"智能车未来挑战赛",推动了无人驾驶车辆在城市、乡村和越野环境下的自主驾驶。比赛中的无人驾驶车辆基本都能够在结构化道路中自主行驶,完成大部分的驾驶任务。图7-1所示为参加某次"智能车未来挑战赛"的参赛车辆,参赛的研究单位主要有清华大学、国防科技大学、南京理工大学、西安交通大学、中国科学院、武汉大学、湖南大学、天津军事交通学院、北京理工大学、上海交通大学、北京联合大学以及长安大学等。

图 7-1 "智能车未来挑战赛"的参赛车辆

7.2 自动驾驶功能体系架构与关键技术

7.2.1 自动驾驶功能体系架构

自动驾驶功能体系架构如图 7-2 所示。对于 SAE L0~L2 级的驾驶辅助系统,车载计算平台可以由 MCU 实现,此时的车载计算平台就是一个电子控制单元。对于 L3~L5 级的自动驾驶,车载计算平台将由处理能力强大的人工智能芯片实现。随着智能汽车的发展,车载计算平台可作为车载终端的计算处理单元,与人机界面、车载通信单元、蜂窝移动通信和 V2X 协同通信等,被统一集成在车载终端内。

自动驾驶的功能可以分为环境感知子系统、实时车辆环境感知地图子系统和驾驶决策子系统三层。第一层的环境感知数据被交给第二层的实时车辆环境感知地图子系统,第二层的结果被送到第三层的驾驶决策子系统。自动驾驶系统还分别与车内的车载终端人机界面和电子控制单元、车载传感设备、卫星定位以及地基增强系统、惯性导航系统等连接,连接方式可以是汽车总线、车载以太网和 USB 接口等。自动驾驶系统还分别与车外其他车辆的车载终端、路侧终端、用户的智能手机、交通运输管理平台、地图云平台和自动驾驶算法训练云平台等连接,连接方式可以是蜂窝移动通信网络或 V2X 协同通信自组织网。

第7章 自动驾驶与智能汽车

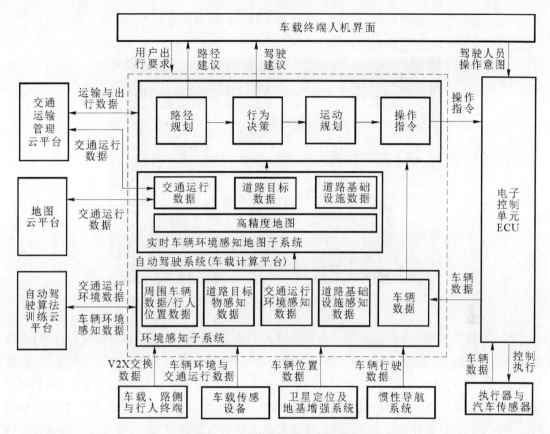

图7-2 自动驾驶功能体系架构

环境感知子系统负责获取环境感知数据,即车辆数据、车辆环境感知数据、道路基础设施感知数据和道路目标物感知数据、交通运行环境感知数据和周围车辆数据、位置和车辆行驶与车辆操作,以及与行人位置数据。车辆数据通过汽车总线从电子控制系统的汽车传感器采集获得,车辆数据类的位置数据还可以通过卫星定位及地基增强系统获得,车辆数据类的行驶数据可通过惯性导航系统获得。车辆环境感知数据是反映车辆周边环境相关的数据,包括道路、桥梁、立交桥、隧道、交叉路口、车道线和道路沿线等道路基础设施的感知数据,和车辆、行人、道路障碍物等道路目标物的感知数据,它们由车载传感设备,如前置摄像机、环视摄像机、夜视摄像机、激光雷达、长距离毫米波雷达、中距离毫米波雷达和超声波雷达等采集获得。车载传感设备也可采集获得交通标志、交通控制灯、交通状况和道路气象等交通运行环境感知数据。周围车辆位置数据与行人位置数据可通过V2X协同通信交换获得,部分交通运行环境感知数据也可以通过路侧终端以V2X协同通信方式交换获得。环境感知子系统(见图7-3)还将与自动驾驶算法训练云平台交换人工智能路情数据(车辆环境和交通运行环境数据)。

汽车的环境感知主要是运用传感器融合等技术来获得车辆行驶环境的有用信息,如车流信息、车道状况信息、周边车辆的速度信息、行车标志信息等。汽车环境感知技术离不开相应的传感器,传感器将外界的各种信号转化成能够识别的电信号。环境感知技术主要由环境感知模块、分析模块、控制模块等组成,其中最重要的就是环境感知模块,该模块将先进的通信技术、信息传感技术、计算机控制技术结合起来系统利用。环境感知的传感系统主要由机器视觉识别系统、雷达系统、超声波传感器和红外线传感器所组成。

图7-3 环境感知子系统

实时车辆环境感知地图子系统对从环境感知子系统获得的环境感知数据进行处理,实现对道路基础设施、交通运行环境和道路目标物的检测和识别,形成实时的交通运行数据、道路基础设施数据和道路目标物数据。识别后的实时道路基础设施数据与高精度地图的道路基础设施历史数据进行融合,形成融合的道路基础设施数据。识别后的实时交通运行数据与从地图云平台或交通运输管理云平台获得的准实时交通运行数据进行融合,形成融合的交通运行数据。识别后的实时道路目标物数据与通过V2X协同通信获得的周围车辆数据和行人位置数据进行融合,形成高度动态的地图数据,它们与融合的道路基础设施数据、交通运行数据进一步融合,形成实时车辆环境感知地图子系统。实时车辆环境感知地图子系统与地图云平台、交通运输管理云平台交换共享更新的交通运行数据。

离线障碍物地图测绘子系统负责计算自动驾驶汽车所在环境中的障碍物地图。这个子系统是基础系统,让自动驾驶汽车有能力安全地驶过公共道路,而不与障碍物(如标牌、路沿)发生碰撞。障碍物地图包含汽车可以驶过或不能驶过的位置信息,并区分了自由区域与已占用区域。汽车必须一直处于自由区域内。障碍物地图是根据地图测绘阶段的传感器数据构建的,并会被存储起来以待自动操作阶段使用。

驾驶决策子系统从第二层获得识别后的交通运行环境、道路基础设施和道路目标物数据,从第一层获得本车的车辆数据,并根据驾驶人员和交通运输管理平台提出的出发地、目的地、出发时间、能效和舒适性等运输与出行要求,确定总体的驾驶路径策略、具体的驾驶行为策略,并进行运动规划。决策规划是自动驾驶的关键部分之一,它首先融合多传感信息,然后根据驾驶需求进行任务决策,接着在能避开可能存在的障碍物的前提下,通过一些特定的约束条件,规划出两点间多条可选择的安全路径,并在这些路径中选取一条最优的路径作为车辆行驶轨迹。决策按照划分的层面不同可以分为全局规划和局部规划两种。全局规划是由获取到的地图信息,规划出一条在一些特定条件下的无碰撞最优路径。局部规划是根据全局规划,在一些局部环境信息的基础上,能避免撞上未知的障碍物,最终到达目标点的过程。

7.2.2 自动驾驶中的关键技术

自动驾驶功能系统架构确定了自动驾驶系统及其子系统和功能模块的作用。汽车电子化、网联化、智能化和信息共享化等关键技术可用于实现自动驾驶系统的各项功能。自动驾驶有环境感知、环境识别、车辆定位、地图创建、路径规划和驾驶决策等功能,这些功能与自动驾驶关键技术有着重要的关系,如表7-2所示。

表7-2 自动驾驶主要功能与自动驾驶关键技术的关系

汽车技术	环境感知	环境	车辆定位	地图环境	路径规划	驾驶决策
共享化	人工智能路情数据在自动驾驶算法训练云平台的共享	交通运行数据在交通运输管理云平台或地图云平台的共享		高精度地图数据在地图云平台的共享,准动态数据在交通运输管理云平台共享	运输出行数据在交通运输管理云平台的共享	基于交通运输管理平台的云端驾驶决策建议
网联化	车辆环境与交通运行环境感知数据交换(传感器扩展)	车辆数据,行人位置,车辆环境,交通运行环境识别数据交换	车辆位置数据交换	高精度地图准动态和高度动态数据交换	运输出行及其路径规划数据交换	驾驶决策协同与驾校操作指令数据交换
智能化	车辆环境、交通运行环境感知数据采集	车辆环境与交通运动环境识别(识别、测距、侧向)	基于卫星系统、惯导系统和SLAM技术的地图创建	基于车载计算平台的路径规划	基于地图、规则算法、人工智能算法的行为决策和运动规划	基于地图、规则算法、人工智能算法的行为决策和运动规划
电子化	车辆数据采集					基于驾驶决策操作指令的控制执行

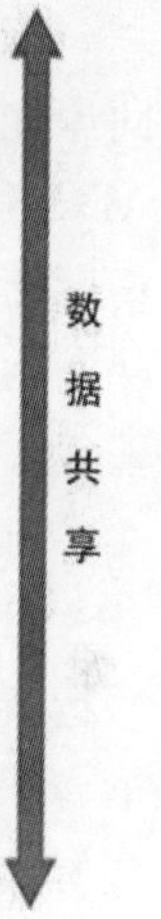

（左侧标注：数据上传 ↔ 数据交换 ↔ 控制执行；右侧标注：数据共享）

汽车智能化的关键技术主要包括人工智能芯片、车载计算平台、传感技术、视觉识别、雷达测距测向、卫星定位及地基增强系统、惯导系统、高精度地图创建和人工智能等。

汽车电子化技术为汽车智能化提供基本的汽车数据,同时也为驾驶决策的执行提供电子控制器、执行器和工作部件。V2X协同通信和蜂窝移动通信等汽车网联化技术为自动驾驶的环境感知、环境识别、车辆定位、地图创建和驾驶决策等功能提供数据交换能力,是汽车自动驾驶的环境感知、环境识别、地图创建和驾驶决策功能的重要补充,网联化技术与智能化技术的结合产生了网联自动驾驶。此外,网联化技术也为汽车和交通信息共享化的数据上传和下发提供技术手段。基于云计算平台的汽车和交通信息共享化技术为自动驾驶提供共享的环境感知、环境识别和地图数据，也为自动驾驶的路径规划提供决策建议。汽车信息共享化与智能化技术的结合，产生了基于云端决策的网联自动驾驶和智能交通。

在智能车辆行驶中，按照不同的功能需求配备不同种类的传感器，目前使用的传感器主要包括图像传感器、激光雷达、毫米波雷达、超声波雷达以及生物传感器等。图像传感器的主要功能是将光学图像信号按照既定规则转换成电子信号，所以又称作感光元件。作为智能车辆中最基本的传感器部件，图像传感器一方面与摄像头配合使用，另一方面与数据处理系统配合，以获取可视图像信息。

激光雷达是当前智能车辆应用最广泛、最基础的传感器之一，激光传感器对车辆外部环境探测范围更广泛，探测精度也更高。激光传感器测算目标位置信息的方式是向目标位置处物体发射激光束，并接收由目标位置处物体反射回来的激光束，通过数据处理获得位置、速度等信息，再通过信息融合形成3D环境地图，供智能车辆行为决策系统进行使用。但是，在雨、雪、雾等极端恶劣的天气环境下，激光传感器数据采集受到干扰，会导致采集到的数据增多，引起数据处理烦琐、成本增加等问题。

毫米波雷达的波长介于厘米波和光波之间，作为波长短、频带宽的一种雷达，其基本原理同激光雷达一样，是现在智能车辆高级驾驶辅助系统（Advanced Driving Assistance System，ADAS）中的主流传感器之一。毫米波雷达对于烟雾、灰尘等具有较强的穿透能力，因此识别精度高。同时，毫米波雷达体积微小、结构紧凑，能够长时间工作，与激光雷达相比价格更低，从而为智能车辆的发展，比如在变道辅助、自适应巡航、预碰撞等高级驾驶辅助系统方面提供了很大的帮助。

自动驾驶主要功能与关键技术的关系具体解读如下：

(1)环境感知。车载传感设备（视觉传感设备和车载雷达）等智能化技术是车辆环境和交通运行环境等环境感知数据采集的主要手段。5G、V2X通信等网联化技术可用于实现车与车、车与路和车与云之间的车辆环境与交通运行环境感知数据交换。自动驾驶算法训练云平台等共享化技术可收集、存储和共享人工智能路情数据（即车辆环境和交通运行环境数据），用于训练自动驾驶算法。

(2)环境识别。视觉识别和雷达测距测向等智能化技术可用于实现对道路目标物和道路基础设施，如车辆环境、交通标志和交通信号灯等交通运行环境的视觉识别、距离方位检测等环境识别功能。V2X协同等网联化技术可以实现车与车和车与路之间的车辆数据、行人位置、车辆环境、交通运行环境等识别数据的交换。交通运输管理云平台或地图云平台等共享化技术可实现交通标志和交通信号灯相位等交通运行数据的共享。

(3)车辆定位。车辆定位功能用于确定车辆在车道和地图上的准确位置，是地图创建、驾驶行为决策和行驶轨迹规划的基础。卫星定位系统及地基增强系统，惯性导航系统和同步定位与地图创建等智能化技术是获取车辆定位数据的关键技术。V2X协同通信等网联化技术可实现车与车、车与路间的车辆定位数据交换。

(4)地图创建。基于车载传感设备的环境感知、基于规划算法或人工智能算法的环境识别及测距测向、各种车辆定位和SLAM等智能化技术可用于创建实时的车辆环境感知地图和制作高精度地图。地图云平台、交通运输管理云平台、V2X协同通信等网联化技术可用于数据共享。

(5)路径规划。高精度地图、车辆定位技术、路径规划算法、人工智能芯片和车载计算平台等智能化技术是实现路径规划功能的关键技术。交通运输管理云平台等共享化技术可共享路径规划等运输出行数据,蜂窝移动通信等网联化技术可在车辆与云平台之间交换路径规划等运输出行数据。

(6)驾驶决策。实时的车辆环境感知地图、车辆定位技术、人工智能芯片以及车载计算平台等智能化技术是实现驾驶行为决策、运动规划和操作指令等驾驶决策功能的关键技术。驾驶行为和运动规划的实现方法有基于规则的方法和基于人工智能的机器学习方法。V2X协同通信等网联化技术可用于车与车之间的驾驶决策协同与驾驶操作指令数据交换,也可用于实现网联协同驾驶和网联自动驾驶。交通运输管理云平台等共享化技术可用于实现基于云端的驾驶决策建议,实现基于云端决策的网联自动驾驶和智能交通。

7.3 人工智能与自动驾驶

7.3.1 人工智能概述

1. 人工智能的基本概念

相信大家都知道这个消息,AlphaGo以4∶1赢下李世石的世纪大战在让2016年成为人工智能元年的同时,也让公众对人工智能在现实场景中的应用有了更多的期待。事实上,上述场景早在20世纪50年代便已有了相关的实践。1959年,美国研究者Arthur Samuel设计了一个下棋程序,这个程序可以在不断的对弈中改善自己的棋艺,具备了一定的"学习能力"。4年后,这个程序战胜了研究者本人,又过了3年,这个程序战胜了美国一个保持8年不败的冠军。将近60年之后,AlphaGo能够赢下比赛的重要原因除了强大的计算性能外,也得益于它使用了大量围棋高手之间的比赛数据来不断训练自己,像人的大脑一样从海量数据和经验中不断学习,从而变得更聪明,这就是人工智能。

人工智能是计算机科学的一个分支,它企图了解智能的实质,并生产出一种新的能以人类智能相似的方式做出反应的智能机器。人工智能机器的工作原理如图7-4所示,人类及人类的智慧是主体,人工智能机器是人类认识和改造客体对象世界的工具,它没有生命,因而不会生成机器自身的目的,机器的目的都是人赋予的。没有目的,人工智能机器便不会有"发现问题"的动力和缘由,发现问题是由人类的"隐智慧"来完成的。人工智能机器的工作原理是人类主体性的创造能力(发现问题和定义问题)利用机器远超人类的操作能力(在速度、精度、耐度等方面)去认识世界和改造世界。

图7-4 人工智能的工作原理

2. 人工智能的发展历史

人工智能一词最初出现在1956年的达特茅斯会议上,由4位图灵奖得主、信息论创始人和1位诺贝尔奖得主一起定义的。人工智能的实现方式主要包括早期基于规则的专家系统和后来迅速发展的机器学习等。

　　20世纪60年代初,运用逻辑学和模拟心理活动的通用专家系统开始出现。到了20世纪70年代,由于计算机技术的发展,专家系统实现了人工智能从理论研究走向实际应用的目标。专家系统存储了大量某个领域专家级水平的知识与经验,采用知识表示与知识推理技术,模拟某个领域专家的推理、判断和决策过程,以解决那些需要人类专家处理的复杂问题。

　　机器学习是人工智能的核心,机器学习研究计算机怎样模拟或实现人类的学习行为,以获取新的知识或技能,并重新组织已有的知识结构改善自身的性能。例如,要教计算机认字,计算机要先把每一个字的图案反复看很多很多遍,然后在计算机的大脑(也就是处理器加上存储器)里总结出一个规律来,以后计算机再看到类似的图案,只要符合之前总结的规律,计算机就能知道这图案到底是什么字。用专业的术语来说,计算机用来学习的、反复看的图片叫训练数据集。在训练数据集中,一类数据区别于另一类数据的不同方面的属性或特质叫作特征。计算机在"大脑"中总结规律的过程叫建模。计算机在"大脑"中总结出的规律,就是我们常说的模型。计算机通过反复看图总结出规律,然后学会认字的过程就叫机器学习。

　　机器学习系统和专家系统有什么区别呢?传统主机厂和零部件供应商所开发的自主式驾驶辅助系统,包括高级驾驶辅助体统(Advanced Driving Assistant System,ADAS)、ACC(Adaptive Cruise Control)等,都是基于规则的专家系统。专家系统的缺点在于,场景多变和复杂时,创建的规则无法保证足够的覆盖面,而在添加更多新的规则时,就必须撤销或者重写旧的规则,这使得软件系统变得非常软弱。而且各个功能都有自己单独的规则,组合到一起时,其产生的可能性就非常多,很难对整个系统进行完整的测试。机器学习因其超强的数据获取、数据存储和计算能力,可以从海量数据中提取有用的信息和知识,以建立学习模型,特别适用于在各种千变万化的车辆环境和交通环境中解决驾驶决策问题。因此,机器学习已成为解决自动驾驶系统的实时环境识别、驾驶行为决策和轨迹规划最有效的方法。

　　自动驾驶领域的主要机器学习方法包括人工神经网络(Aritificial Neural Network,ANN)、强化学习和贝叶斯网络等。目前,自动驾驶领域比较成熟的人工智能方法是深度学习与3D高精度地图的结合。车载传感设备采集海量的车辆环境数据、道路目标物的感知数据和交通运行数据后,经自动驾驶算法训练云平台训练好的深度神经网络,可实现对道路基础设施、道路目标物和交通运行环境的识别,也可识别车辆与可安全行驶的空间,即进行轨迹规划。

　　深度学习和传统机器学习也有所不同。例如,要识别猫与狗,用传统机器学习的方法,我们会首先定义一些特征,如有没有胡须,耳朵、鼻子、嘴巴的模样等。总之,首先要确定相应的面部特征,作为机器学习的特征,以此来对对象进行分类识别。深度学习的方法则更进一步,它会自动地找出这个分类问题所需要的重要特征,传统机器学习则需要我们人工地给出特征。

　　还有一种机器学习方法,称为强化学习。还记得你是如何学会骑自行车的吗?一般都是大人陪在身边鼓励我们第一次迈出步伐,当我们摔倒时扶起我们,帮助我们继续骑。但是这很难解释我们到底是怎么骑的,而且就算再好的解释也没法让没骑过车的人理解这件事。我们只会有一种感觉,一开始试着骑车总是不断地摔倒,直到突然成功地骑出去几米外,这时我们才感觉到学会了骑车。学习骑车的过程和强化学习很类似。在这个过程中,有一些反馈信号告诉我们做得怎么样,比如摔倒的疼痛会告诉我们下次别这么做了,不然会很疼,骑车时的爽快感告诉我们接着骑,不要停。

强化学习可以模拟人类的学习方法,让人工智能机器通过不断试错来找寻最优策略和行动。AlphaGo 就是采用深度学习和强化学习融合的深度强化学习方法,战胜了世界围棋冠军李世石。受到 AlphaGo 机器人表现的鼓舞,一些高科技公司的人工智能专家开始利用深度强化学习方法解决复杂环境下自动驾驶决策子系统的驾驶行为决策问题。

7.3.2 人工神经网络与自动驾驶

1. 人工神经网络的原理与发展

神经网络可以指向两种,一种是生物神经网络,另一种是人工神经网络。生物神经网络一般指生物的大脑神经、细胞、触点等组成的网络,用于产生生物的意识,帮助生物进行思考和行动。人工神经网络(Artificial Neural Network,ANN),也简称神经网络(Neural Network,NN)或连接模型(Connection Model),它是一种模仿动物神经网络行为特征,进行分布式并行信息处理的算法数学模型。这种网络依靠系统的复杂程度,通过调整内部大量节点之间相互连接的关系,从而达到处理信息的目的。在工程与学术界也常直接简称为神经网络或者类神经网络。

神经网络最重要的用途是分类,为了对分类有直观的认识,我们先看两个例子。第一个例子是疾病的诊断,病人去医院做了肝功、尿检检测,把检测验结果送进一个机器里,机器需要自动判断这个病人是否生病,得的什么病;第二个例子是猫狗的分类,有一大堆猫、狗的照片,把每一张照片送进一个机器里,机器需要自动判断这幅照片里的动物是猫还是狗。这种能自动对输入的东西进行分类的机器就叫作分类器。

分类器的输入叫作特征向量。在第一个例子中,分类器的输入是一堆化验指标的数值;在第二个例子中,分类器的输入是照片,假如每一张照片都是 320×240 像素的红绿蓝三通道彩色照片,那么分类器的输入就是一个长度为 320×240×3=230 400 的向量。分类器的目标就是让正确分类的比例尽可能高。因此,在使用人工神经网络时,需要首先收集大量正确的样本,然后人为地标记分类结果,在神经网络中对标记好的数据进行训练,训练好神经网络后,如果再输入新的数据,它就可以自动输出分类结果了。那分类器输出结果又是什么呢?分类器输出的也是数值,在第一个例子中,输出 0 表示健康,输出 1 表示有甲肝,输出 2 表示有乙肝,输出 3 表示有丙肝等;在第二个例子中,输出 0 表示图片中是狗,输出 1 表示是猫。当然,不同数值所代表的含义可以自己定义。

根据学习过程的不同,神经网络的学习方式可分为监督学习(Supervised Learning,SL)和无监督学习(Unsupervised Learning,UL)。监督学习是机器根据人类标注好的学习样本进行分拣、归类和学习的方法。监督学习的神经网络模型包括感知器、反向神经网络、多层的卷积神经网络等。

监督学习能根据图片的特征对图片进行分类。例如,对于一栋房子、一辆车、一个人或一只宠物进行分类,就先需要收集大量包含房子、车、人或宠物的图片,组成带有标签的数据集合。神经网络的训练过程就是不断迭代计算权重向量的优化求解过程。对每一张带有标签的图片,人工智能机器会输出一个相应的特征向量,机器学习会对其权重向量进行调整,将带有标签的图片分拣出来,落入标签所属的分类,这就是权重向量的最优解,这样,某个权重向量就与有某类分类标签的图片关联起来。神经网络训练完成后,就进入实际应用或运行阶段,任何未知的图片都可以通过具有某类图片权重向量的神经网络进行特征提取和特征比对,如果该未知图片的特征符合某类图片的特征,该未知图片就被识别为属于某类图片。如果该未知图片的特征不符合某类图片的特征,该未知图片就被识别为不属于某类图片,然后可以用另外一类图片权重向量的神经网络对该未知图片进行特征提取和特征比对,不断地重复此进程,直到图片被识别。

无监督学习是只规定机器学习的方式或某些规则,并不标注样本分类。机器学习神经网络面对的是很多未经标注的样本,机器根据样本的数据特征直接对样本的数据结构和数值进行归纳分析,将非标注的样本归纳为不同的类型,然后不断地运行聚类算法对样本进行聚类,把类似的结构联合起来构成监督学习模型,可用于帮助特定的深度神经网络进行预训练,使神经网络能够执行复杂的具有海量数据的训练任务。

深度神经网络(Deep Neural Networks,DNN)就是多层的神经网络,也称为深度学习(Deep Learning,DL)。通过多层处理,逐渐将初始的"低层"特征表示转化为"高层"特征表示后,用简单模型即可完成复杂的分类等学习任务,因此,可将深度学习理解为进行特征学习或表示学习。以往,当机器学习用于现实任务时,描述样本的特征通常需由人类专家设计,这称为特征工程。特征的好坏对分类结果有着至关重要的影响,人类专家设计出灵敏度高的特征也并非易事,而特征学习则通过机器学习技术自主产生好特征,这使机器学习向全自动数据分析又前进了一步。

2. 人工神经网络在自动驾驶中的应用

人工神经网络在自动驾驶中的应用主要有环境识别和行驶轨迹规划等。

(1)环境识别。利用摄像头传感器、激光雷达和毫米波雷达等多种车载传感设备可采集获得道路、桥梁、立交桥、隧道、交叉路口、车道线和道路沿线等道路基础设施的识别数据,也可采集获得交通运行数据。通过深度学习算法对传感器采集的点云感知数据进行处理,可对车辆、行人、道路障碍物等动态道路目标物进行检测、分割和跟踪。基于全卷积深度神经网络,可学习点云感知数据的特征,并预测障碍物的相关属性,根据这些属性,最终可获得道路目标物的位置、类别、速度以及朝向等信息。

(2)行驶轨迹规划。在环境识别的基础上,通过视觉的深度学习方法,识别车辆环境与可活动的空间,进行车辆行驶轨迹规划。轨迹规划需要对整个车辆环境中车辆和行人等的意图,或者在一段时间内的行为以及交通运行环境进行预测,再根据本车的状态和驾驶意图,结合前面的环境感知结果,规划出最佳的行驶轨迹,这个规划需要满足本车驾驶意图,并对周围的车辆友好且安全。自动驾驶的轨迹规划有两种基本的方式,第一种是基于规则、成本函数最优和高精度地图的轨迹规划,它根据高精度地图提供的车道信息,选择成本函数最优的轨迹曲线,实现车辆行驶轨迹规划。另一种是基于深度学习的轨迹规划,这种方法中所采集的车辆环境数据大多是无标注的样本数据。如图7-5所示,在英伟达基于端到端的深度学习方法中,自动驾驶系统通过多层的深度卷积神经网络,根据人工操控的方向盘角度这一非常稀疏的训练信号,学到有意义的道路特征,即学会识别道路边界。汽车的自动驾驶系统不需要人工将任务分解为道路和车道检测,就能自动学会轨迹规划。

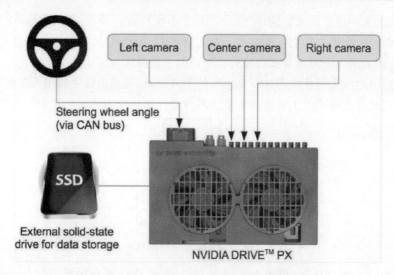

图7-5 Drive PX 车载计算平台的数据采集系统

无论是简单的机器学习还是深度机器学习,其本质是基于归纳的学习方式,所以机器的学习或被训练的效果取决于机器的"见多识广"。对于以前数据库中没有出现的情景,由于数据样本库中没有,机器没有被训练和学习,机器在实际操作时就可能出现问题。机器学习用于自动驾驶时,要求能够处理所有可能遇到的交通场景。但是要想让自动驾驶汽车测试可能会遇到的所有驾驶场景,比如发生爆炸或者一架飞机正好坠毁在前面,是非常困难的。一种有效的解决方式是开发汽车驾驶场景仿真器,用机器模拟各种驾驶场景,以测试自动驾驶的深度神经网络。

7.3.3 强化学习与自动驾驶

1. 强化学习的基本原理

第一次听到"强化学习"的时候,我们可能以为它只是在"深度学习"的基础上又玩出的新花样。其实它们两个是完全不同的概念,但它们并非互斥,反而可以组合,于是后续又有了"深度强化学习"。就像之前提到的学骑自行车的例子一样,强化学习是关于决策优化的科学,其背后正是生物趋利避害的本能。

"熊瞎子掰苞米"就是一个典型的决策过程。因为胳肢窝只能夹一个苞米,所以对每个苞米,熊瞎子都要做一个决策——掰,还是不掰?这是个问题。在这个故事里,熊瞎子并不知道自己掰一个丢一个,所以他的决策就是"掰掰掰",最后结果可能就是拿了一个很小的苞米,后悔地想要刹手。聪明的智人会选择"只掰比自己胳肢窝里大的",那么理想状况下,就是得到了最大的。这里,熊瞎子或智人表示智能体(Agent),也就是决策过程里的行为主体。玉米地就是环境(Environment),现在胳肢窝里的苞米大小则是状态(State),而眼前一个个等待采摘的苞米是熊瞎子对环境的观察(Observation)。掰还是不掰?无论哪一种,都是对环境做出的动作(Action)。当我们走出玉米地时,最终拿到的苞米,才是自己的,这是我们的奖励(Reward)。"掰掰掰""只掰大的"或是"只掰贵的,不掰对的"这些都是策略(Policy)。以上就是强化学习里的几个核心基本概念。

强化学习主要由智能体、环境、状态、动作、奖励组成。智能体执行了某个动作后,环境将会转换到一个新的状态,对于该新的状态,环境会给出奖励信号(正奖励或者负奖励)。随后,智能体根据新的状态和环境反馈的奖励,按照一定的策略执行新的动作。上述过程就是智能体和环境通过状态和动作、奖励进行交互的方式。智能体通过强化学习,可以知道自己在什么状态下,应该采取什么样的动作使得自身获得最大奖励。由于智能体与环境的交互方式与人类和环境的交互方式类似,可以认为强化学习是一套通用的学习框架,可用来解决通用人工智能的问题。因此,强化学习也被称为通用人工智能的机器学习方法。强化学习的原理如图7-6所示。

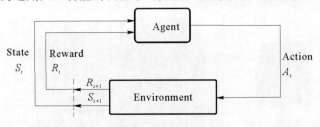

图7-6 强化学习原理

在介绍 AlphaGo 程序时,很多人会把人工智能、机器学习和深度强化学习混为一谈。从严格定义上来说,谷歌的 DeepMind 在 AlphaGo 程序中对上述几种技术都有所使用,但使用的更多的是深度强化学习。如图7-7所示为人工智能、机器学习和深度强化学习三者之间的关系,其中,人工智能包含机器学习,而强化学习则是机器学习的重要分支之一,它们三者是包含与被包含的关系,而非并列的关系。

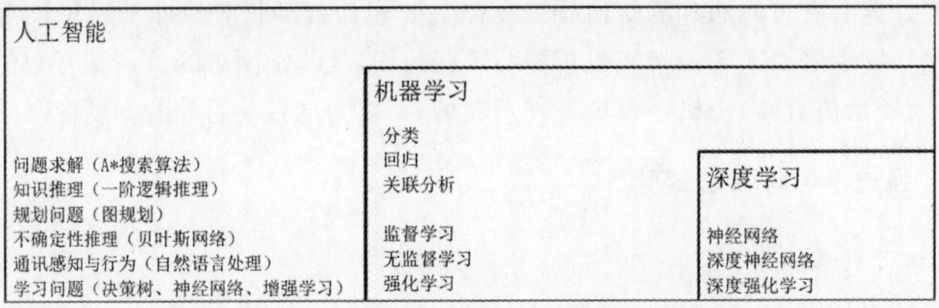

人工智能		
	机器学习	
问题求解（A*搜索算法）	分类	
知识推理（一阶逻辑推理）	回归	深度学习
规划问题（图规划）	关联分析	
不确定性推理（贝叶斯网络）	监督学习	神经网络
通讯感知与行为（自然语言处理）	无监督学习	深度神经网络
学习问题（决策树、神经网络、增强学习）	强化学习	深度强化学习

图7-7 人工智能、机器学习和深度学习的关系

机器学习的范式主要分为监督学习、无监督学习和强化学习。强化学习是机器学习的一个分支组成部分,但是却与机器学习当中常见的监督学习和无监督学习不同。图7-8和图7-9分别展示了强化学习和无监督学习的过程,强化学习是一种通过交互的目标导向学习方法,旨在找到连续时间序列的最优策略。监督学习是通过有标签的数据学习规则,通常指回归、分类问题。无监督学习是通过无标签的数据,找到其中的隐藏模式,通常指聚类、降维等算法。

图7-8 强化学习

第 7 章 自动驾驶与智能汽车

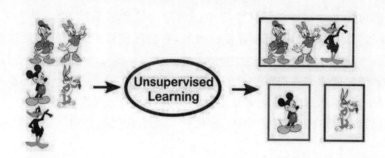

图 7-9 无监督学习

2. 强化学习与自动驾驶的关系

如图 7-10 所示，自动驾驶的人工智能包含了感知、决策和控制三个方面。感知指的是通过摄像头和其他传感器的输入解析出周围环境的信息，如有哪些障碍物、障碍物的速度和距离、道路的宽度和曲率等。自动驾驶的决策是指给定感知模块解析出的环境信息如何控制汽车的行为达到安全驾驶的目标。

图 7-10 自动驾驶的人工智能

Wayve 发布了一个名为 *Learning to Drive in a Day* 的视频，采用强化学习的方法，仅仅用了一个前景摄像头，以车前方的视频作为输入的状态，以车辆在同一车道内的行进距离作为输出的动作，行驶距离长，奖励就大；行驶距离短，奖励就小。结果只用了单个摄像头，就让自动驾驶汽车在 30 min 内，学会了保持在同一车道内行驶 250 m。这样的方式纵然吸引人的眼光，但不太建议使用这种仅仅基于视觉的方式来做自动驾驶，因为驾驶肯定是眼观六路耳听八方，信息感知不全面一定会影响自动驾驶的决策结果。

深度强化学习将深度学习的感知能力和强化学习的决策能力相结合，可以直接根据输入的图像进行控制，是一种更接近人类思维方式的人工智能方法。目前，强化学习算法在自动驾驶模拟环境中获得了很好的结果。但是，强化学习要真正能够在自动驾驶的场景下应用，还需要进行很多改进，以下为几个重要的改进方向：

（1）强化学习的自适应能力。现有的强化学习算法在环境性质发生改变时，需要试错很多次才能学习到正确的行为，而人类在环境发生改变的情况下，只需要较少次试错就可以学习到正确的行为。如何只用非常少量的样本学习到正确的行为是强化学习适用性的重要条件。

（2）模型的可解释性。现在强化学习中的策略函数和值函数，也就是 Policy 和 Reward，都是由深度神经网络表示的，其可解释性比较差，在实际使用中出了问题后很难找到原因，比较难以排查。

（3）推理和想象能力。人类在学习的过程中，很多时候需要具备一定的推理和想象能力，如在驾驶过程中，不用亲身尝试，也知道危险的行为会带来毁灭性的后果。

只有在这些方向取得实质性的突破，强化学习才能应用于自动驾驶汽车这项重要的任务场景中。

7.3.4 贝叶斯网络与自动驾驶

1. 贝叶斯网络的原理

贝叶斯网络是一种模型，它用来反映世界上一些事物的可能情况（或者状态）的发生概率，任何系统都可以用贝叶斯网络来模拟。例如，有一个模型世界，里面有天气、草地和洒水车三个事物。天气有晴天、多云或下雨三种情况，草地有湿的或者干的两种状态，洒水车有开或关两种状态。那么，这 3 个事物所有可能的状态组合就构成了此模型世界的最终情况，最终的模型世界可能有 $3 \times 2 \times 2 = 12$ 种情况。

那么，概率在哪里呢？当一件事物发生的时候，另一件事情更容易发生，这时候就用概率来表达，而且这种概率通常表达的是因果关系。刚刚提到的模型世界里就有一些因果关系：如果下雨，那么雨会将草地淋湿；晴天持续了很长一段时间，如果打开了洒水车，也将会导致草地变湿。我们给这些事物的发生赋上真正的概率值，例如，天气是晴天、多云或小雨的概率分别是 20%、30% 或 50%。那么，这种网络就可以回答一些有用的问题，例如，"如果草地是湿的，那么它由洒水车浇水和下雨淋湿的可能性各为多少？"

过去，科学家、工程师、经济学家会建立用概率来刻画世界的模型。为了表达事物之间的联系，他们创造了联合分布这个概念。联合分布在概率上可以用一张大表来显示，这张表里面有联合分布的每一种情况的概率值。在上面天气的模型中，总共有 12 种概率。在一些比较复杂的模型中，联合概率的表可能会因为事件的个数，达到百万甚至千万个结果。因此，为了减少人们的工作量，需要一个更好的方式来处理这种情况。

贝叶斯网络就是这样一种方法。贝叶斯网络只模拟那些具有因果关系的事件的概率，节省了大量的计算。实际上，人们并不需要知道所有的联合概率，只需要知道父节点对子节点的概率影响就可以了。贝叶斯网络另一个有用的原因就是它的可调整性。贝叶斯网络可大可小，可以在原来的概率模型上增加或者是删减，而且当人们应用模型的时候，只要根据所知道的部分影响因素来构建模型，就可以取得可靠性很高的结果。

2. 贝叶斯网络的自动驾驶应用

自动驾驶系统利用贝叶斯网络进行推理决策时，先假定贝叶斯网络的最优输出结果是汽车不发生碰撞（主要是与道路目标物）、不偏离车道（包括未标注的车道）、不违反交通规则（如闯红灯或超速）等，已知自动驾驶系统已经识别车辆环境和交通运行环境，已经了解用户的驾乘要求（包括目的地、能效和舒适性等）。

人们根据以往经验和分析获得已识别的车辆环境和交通运行环境的先验概率。这里解释一下先验概率，先验概率就是指根据以往经验和分析得到的概率。意思是说人们都有一个常识,比如掷骰子,某个数出现的概率是1/6,而且无数次重复实验也表明是这个值,这是常识,也就是人们在不知道任何情况下必然会说出的一个值。而所谓的先验概率是人们在未知条件下对事件发生可能性猜测的概率表示。

在得到先验概率的基础上,自动驾驶系统根据训练好的贝叶斯网络,可以推理得到自动驾驶汽车在出现最优输出结果(即无碰撞、不偏离车道、不违反交通规则等)的条件下,出现各种驾驶行为(如行驶、跟车、转弯、换道和停车等)和运动规划(即横向方向和纵向速度)的条件概率。挑选其中最大的条件概率,就是确保自动驾驶汽车产生最优驾驶结果条件下最佳的驾驶行为决策和驾驶操作。

贝叶斯网络是一个概率推理系统,它为自动驾驶的决策系统引入新的决策机制,可以与其他基于规则的专家系统或人工智能系统共存。例如,可以与各类车辆环境和交通运行环境识别子系统共存,包括车载传感设备、深度神经网络、高精度地图和V2X协同通信系统等,可以与各类用户要求输入系统共存,包括基于人机界面的输入系统和基于云端决策的输入系统,还可以与不同厂商的电子控制机器执行系统共存。

贝叶斯网络与其他专家系统或人工智能系统共存的特性具备两个优势:模块化和透明性。贝叶斯网络模块化的优势非常重要,假如任务是更新汽车的变速箱,该变速箱是基于规则的专家系统,当变速箱被更换的时候,不必重写整个传动系统,只需要修改为变速箱建模的子系统,其余的都可以保持不变。基于专家系统的电子控制系统、基于深度神经网络的车辆环境感知子系统、基于V2X的网联协同驾驶通信系统等,都可以作为贝叶斯网络的模块,变动任何一个模块都只需要变动一些贝叶斯节点,以及与这些节点相连的其他节点的因果关系即可。融入了深度神经网络系统和专家系统的贝叶斯驾驶决策系统可以有多重的允余选择,这种允余构成了贝叶斯网络的子节点,能有效强化输出结果的可能性,避免一些低级错误的发生。

北京地平线机器人技术研发发展公司采用贝叶斯网络设计汽车驾驶决策系统,在各个节点上使用神经网络,使计算的中间结果都透明和清晰可见。如果神经网络输出出现问题,可以发现是哪个节点出了问题,并针对性地进行问题追溯和参数调整。

复习思考题七

1. 简述汽车自动驾驶SAE分级标准。
2. 简述智能汽车的定义和特点。
3. 简述自动驾驶功能体系架构。
4. 简述自动驾驶关键技术。
5. 简述人工智能的基本概念。
6. 什么是机器学习?监督学习和非监督学习的区别是什么?
7. 阐述人工智能、机器学习和深度学习的关系。
8. 贝叶斯网络与自动驾驶有什么关系?

第8章 车载传感设备

8.1 车载传感设备的作用

车载传感设备是感知车辆周边环境,获取车辆环境与交通运行数据,为驾驶决策提供支撑的设备,相当于人的眼睛和耳朵。图8-1所示的车载传感设备探测曲线,用于感知车辆周边的环境,可与电子控制系统集成,实现驾驶辅助,也可为自动驾驶系统获取车辆环境数据和交通运行数据,为其驾驶决策提供支撑。

图8-1 车载传感设备感知周边环境

车载传感设备的主要功能就是采集车辆环境数据和交通运行环境数据。

车辆环境数据指通过车载传感设备感知并采集的,反映车辆周边环境相关的数据,如图8-2所示,包括道路、立交桥、桥梁、隧道、交叉路口、车道线和道路沿线等,道路基础设施的感知数据,以及车辆、行人、道路障碍物等道路目标物的感知数据。

图8-2 车辆环境数据

交通运行环境数据指交通标志、交通控制灯、交通状况和道路气象等数据,如图8-3所示。

图8-3 交通运行环境数据

目前,车载传感设备使用的技术。主要包括视觉、激光、毫米波雷达、超声波和红外雷达等,如图8-4所示。利用这些技术对车辆环境和交通运行环境进行感知、检测和识别。

图8-4 车载传感设备使用的技术

为了提高精确度,车载传感设备的感知能力必然是超越了人眼的视觉感知和人耳的听觉感知。这是因为人类驾驶人员受限于视野范围,存在很多的驾驶盲区。当然,智能驾驶车辆上安装的车载传感设备也都有自身的感知盲区。目前的解决方法是在智能驾驶的过程中,通过组合使用多类传感器和运用时序关联的感知技术,缩小感知盲区的范围,从而超越人眼的视觉感知和人耳的听觉感知。

车载传感设备采集的车辆环境数据和交通运行环境数据,按照一定的模型和算法进行计算和处理,形成对道路基础设施、道路目标物和交通运行环境的检测和识别。也可能因为处理数据量大,而交由功能强大的车载计算平台进行处理,如激光雷达的扫描数据处理和基于人工智能的深度学习的视觉处理等。

如图8-5所示,不同车载传感设备的作用不一样,其安装位置与实现的驾驶辅助功能也各不相同。

摄像头传感器可以前置安装或者环绕安装在车身两侧与后边,通常利用图像识别算法,检测或识别近距离内的道路基础设施、车辆、行人、障碍物等道路目标物和路侧呈现设备的信号与信息。例如,Mobileye公司的视觉处理器系统,可以检测或识别交通标志、交通信号灯、行人、障碍物、道路边界和车道线等,用于实现车道偏离警告、车辆检测、前车碰撞预警等驾驶辅助功能。

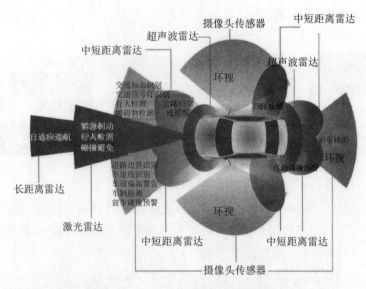

图 8-5 车载传感设备的位置与作用

雷达是利用电磁波探测目标的电子设备。利用毫米波可探测远距离目标的距离、速度、方位和形状等,长距离毫米波雷达用于帮助实现自适应巡航等功能,车辆前置的中短距离毫米波雷达可以用于实现岔路口交通状况提醒等功能,车辆两侧后边的中短距离毫米波雷达可以用于实现盲区检测等功能,车辆后置的中短距离毫米波雷达可以用于实现后向碰撞预警等功能。

激光扫描雷达利用测距的原理,采集获得三维的扫描数据,测量道路基础设施和道路目标物的三维模型,构建实时的三维环境感知地图。车辆前置的激光雷达可以用于实现紧急制动、行人检测和碰撞避免等驾驶辅助功能。

超声波由于方向性好、穿透能力强、不受黑暗影响和可检测较小范围内的物体位置的特点,可被安装在车辆前边或后边,帮助实现行人检测和泊车辅助等功能。

红外线传感器不受黑暗的影响,可用于识别黑暗中的行人和动物,可以帮助实现夜视系统等功能,与视频摄像机的视觉感知结合使用,可增强视觉识别的可靠性。

表 8-1 是各种环境感知技术及其车载传感设备的作用,以及优劣势分析与比较。其中,激光感知、毫米波感知和超声波感知属于主动型感知,即通过接收目标物的反射信号而感知,视觉感知和红外感知一般属于被动型感知,即通过接收目标物自身发出的视频或红外信号进行感知,但红外感知也可用于主动型感知方式。

表 8-1 车载传感设备比较

传感设备	优势	劣势	作用
摄像头传感器	成本较低,信息量丰富,唯一可识别物体的传感器	在大雾、强光照射和黑夜等恶劣环境下会失效,测距性能差	通过软件识别交通信号灯、交通标志、车道线、车辆、行人和路障物等
红外夜视摄像头传感器	夜视效果极佳	精度不高,易受温度影响,成本较高	夜间行驶时识别行人、动物和车辆等发热物体

续表

传感设备	优势	劣势	作用
毫米波雷达	不受天气影响,全天候工作,测距精确度高,距离范围广	行人反射与测距效果差,无法识别交通标志和行人等	适合全天候应用,感知目标的距离、速度和方位等
激光雷达	距离远,可获得精度较高的三维环境信息	价格昂贵,易受大雾、雨雪天气的影响,无法实现图像识别	利用激光测距原理,测量目标距离和建立车辆环境三维模型,可实现高精度汽车定位
超声波雷达	不受天气影响,成本低	测量距离在 10 m 以内,被测物体松软时易受影响	行驶时短距离与盲区物体感知,倒车时物体感知

8.2 视频识别设备

8.2.1 摄像头传感器

摄像头传感器通过接收目标物自身发出的视频信号进行感知,属于被动型传感设备。摄像头传感器利用 CCD 或 CMOS 等成像元件,从不同角度采集车辆环境和交通运行环境的感知数据。目前,主要是使用 CMOS 作为光学传感器。这是由于在有强光射入时,CMOS 传感器不会产生使用 CCD 时出现的涂污(Smear)噪声,这将会缩短因操作失误所导致的调整时间。

与毫米波雷达系统相比较,摄像头传感器价格低廉。如图 8-6 所示,一辆车上可安装多处摄像头传感器,这样监测的范围更大,搜集的道路信息更为全面,这些是主动型传感器无法替代的。此外,摄像头传感器是唯一可识别物体的传感设备,根据采集到的视觉信号,通过人工智能的机器学习,特别是深度神经网络算法,它可以识别道路基础设施,如道路、桥梁、立交桥、隧道等,还可以识别道路目标物,如车辆、自行车、行人、道路障碍物等,此外,还可以识别交通运行环境,如交通信号灯、交通标志等。摄像头传感器利用运动预测的算法,可以跟踪行人、自行车和车辆等运动的道路目标物,可用于碰撞预警,可根据识别物体的大小,判断其与车辆的距离,但是其精度不如毫米波雷达和激光雷达。

图 8-6 摄像头传感器

摄像头传感器也有其弱点,就是容易受到环境的影响。在能见度较低时,如大雾、受强光照射和黑夜等恶劣环境下,效果不理想。另外,单目摄像头无测距功能,双目摄像头有测距功能,但效果比毫米波雷达和激光雷达差。

如表 8-2 所示,摄像头传感器的摄像头安装位置不同,所实现的功能也不一样。

表 8-2 摄像头安装位置及功能

安装位置	雷达配置	实现功能
前视	单目×1 双目×2	LDW,LKA,FCW,AEB,TSR,TLR,IHC,PCW,PP,ACC
环视	广角×4	SVC,LDW
后视	广角×1	AP,后视泊车辅助
侧视	广角×2	BSD,代替后视镜
内置	广角×1	DDD

摄像头的安装位置主要分为前视、环视、后视、侧视以及内置。车厂根据其不同的自动驾驶技术实现路径,选择在车辆上安装 4～8 个摄像头传感器。

前视摄像头一般安装在后视镜之后,采用探视角为 45°～55°的镜头,可以实现驾驶辅助的核心功能,如基于车道识别的车道偏离预警(LDW)和车道保持辅助(LKA),基于车辆和行人等识别的前方碰撞预警(FCW)、自动紧急制动(AWB)、行人碰撞预警(PCW)、行人保护(PP)和智能远光控制(IHC),还有交通标志识别(TSR)和交通信号灯识别(TLR)等。表格中是对应功能的缩写。前视摄像头也可以采用双目摄像头,其本质是利用数学方法进行距离检测。双目摄像头依靠两个平行布置的摄像头产生的视差,把同一个物体所有的点都找到,依赖精确的三角测距,就能够算出摄像头与前方障碍物的距离。双目摄像头可用于实现基于车距检测的自适应巡航功能。

环视摄像头一般采用探视角为 135°的广角镜头,装配在车身的四周,通过算法实现图像的无缝拼接。环视摄像头主要实现全景泊车功能(SVC),未来将加入车道偏离预警等功能。

侧视摄像头一般安装在左右后视镜处,常采用 135°的广角镜头,主要实现盲点检测(BSD)。盲点检测一般使用超声波雷达或者毫米波雷达实现,也可以采用侧视摄像头替代或冗余式地实现盲点的检测功能。未来汽车的左右后视镜可能直接被侧视摄像头代替,它们可为驾驶人员提供更为广阔的视野,同时提供后方车辆提醒等预警功能。

后视摄像头安装在车辆后方,采用广角或鱼眼镜头,可以实现自动泊车(AP)和后视泊车辅助等功能。

内置摄像头安装在车内后视镜处,采用广角镜头,可以实现驾驶员疲劳检测功能(DDDD)。

摄像头传感器的构成包括摄像头模组、图像识别与距离检测算法及算法实现芯片。基于摄像头传感器的图像识别与距离检测算法是摄像头传感器的关键。如图 8-7 所示,摄像头模组包括摄像镜头与图像传感器及其处理芯片,图像传感器有 CCD 传感器和 CMOS 传感器两种。

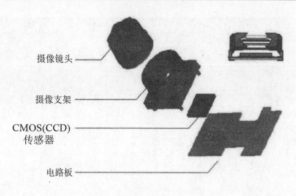

图 8-7 摄像头模组

目前国内生产车载摄像头的企业主要有同致电子、豪恩以及智华汽车电子等,可提供后视、环视以及前视摄像头。镜头生产商主要包括大立光电、舜宇光学等,其中舜宇光学的市场占有率超过一半。

CMOS 传感器是车载摄像头的感光元件。与 CCD 感光元件相比,CMOS 以牺牲画质来降低传感器的生产成本和功耗,广泛用于摄像头领域,是目前车载摄像头的主流。

我们以索尼公司发布的用于车载摄像头的 IMX490 CMOS 影像传感器为例进行介绍。索尼公司于 2019 年 3 月开始样品发货,如图 8-8 所示。该传感器为 1/1.55 in(1 in=2.54 cm),具有 540 万有效像素。

图 8-8 用于车载摄像头的 IMX490 CMOS 影像传感器

该车载摄像头有两个显著的特点。首先,它可以实现高动态范围图像(High-Dynamic Range,HDR)拍摄并减少 LED 频闪,加持业界最高的 540 万有效像素,可轻松实现广角拍摄。如今道路上的 LED 信号灯越来越多,在隧道出入口等明暗对比强烈的环境下,LED 频闪减轻搭配 HDR 拍摄的功能对于车载摄像头来说越来越必要。该传感器在满足这一需求的同时,还具备了 540 万有效像素,在视角拓宽的同时,保持了和前代产品同样的分辨率。图 8-9 所示为不同技术规格车载摄像头拍摄样张的效果对比,水平方向上,除自行车和路边的行人外,该传感器可以识别更广范围内的障碍和标志。垂直方向上,在一些特定交叉路口停车时,该传感器可识别停车线上方的红绿灯。

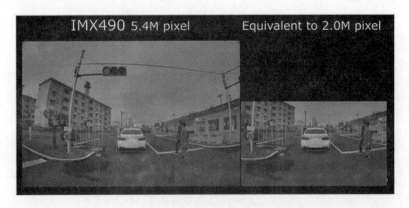

图8-9 540万有效像素的IMX490样张(左)与
200万有效像素的CMOS影像传感器样张(右)对比

此外,如图8-10所示,即使在隧道出入口这样明暗对比强烈的环境下,车载摄像头也需要以低噪点捕捉清晰的图像,并避免拖影和高亮过饱和等问题。IM×490COMS影像传感器甚至可以在10×10^4 lx的环境下拍摄,10×10^4 lx相当于太阳直射的照度,避免高亮过饱和。

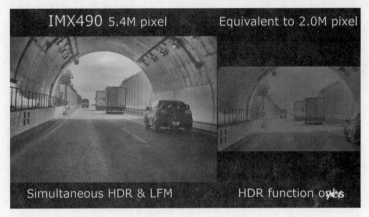

图8-10 540万有效像素的IMX490样张(左,同时具备HDR拍摄和频闪减轻功能)
与200万有效像素的CMOS影像传感器样张(右,仅具备HDR拍摄功能)对比

8.2.2 红外线摄像头传感器

红外夜视摄像头传感器简称红外摄像头或红外夜视系统。红外是红外线的简称,它是一种电磁波,可以实现数据的无线传输。自1800年被发现以来,红外线得到了很普遍的应用,如红外线鼠标、红外线打印机和红外线键盘等。

车载红外夜视摄像头传感器可通过接收目标物自身发出的红外信号,或主动发射红外信号并从目标物接收反射信号而进行夜视感知。因而,分别称为被动红外热成像技术和主动红外成像技术。

由于红外不受黑暗的影响,可用于识别黑暗中的行人和动物,如图8-11所示,红外摄像头可以增强视觉识别的可靠性,使黑夜如同白昼,因此常被用于智能汽车中的红外夜视系统中。但红外摄像头精度不高,且易受温度的影响。

第 8 章 车载传感设备

图 8-11 车载红外线摄像头传感器的应用

美国通用公司的凯迪拉克轿车于 2000 年配备红外夜视系统,如图 8-12(左)所示,是全世界第一款配备红外夜视系统的汽车。它将在"沙漠风暴"行动中大展神威的红外线夜视技术率先运用到 Deville 豪华轿车上。凯迪拉克 CT6 装备的最新夜视科技可实现 80 m 红外探测提前预警,通过智能侦测,区分显示物体的大小、速度和类型,实时分析物体的运动速度、路径,并及时提醒驾驶人员注意夜色下不易察觉的人或动物。如图 8-12(右)所示,凯迪拉克夜视系统检测到了小鹿。

图 8-12 凯迪拉克车载红外夜视系统

另外,丰田自 2002 年开始在陆地巡洋舰车型上搭载红外夜视系统,奔驰和宝马等德系汽车在 2005 年开始分别配备汽车红外夜视系统。

如图 8-13 所示,据美国国家公路交通安全管理局统计,夜间行车在整个公路交通中只占 25%,发生的交通事故却占了 50%,而由夜间视线不良所造成的事故占了 70%。由此可见夜间行车的危害性,也更加明确了红外夜视系统的重要性。

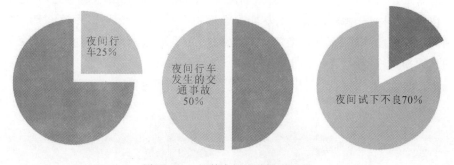

图 8-13 红外夜视系统的重要性

与前照灯相比,红外夜视系统的可视范围是前照灯的数倍,可以有效地提高安全性,近光灯的可视范围为 30~40 m,远光灯的有效范围在 70 m,红外夜视系统的可视范围为 150~

400 m。

图 8-14 展示了红外夜视系统的功能。在黑夜,使用红外夜视摄像头传感器或与其他车载传感设备融合,可实现众多预警类驾驶辅助功能,包括夜视、车道偏离预警、行人碰撞预警、行人检测、驾驶员疲劳检测、盲区检测和前方碰撞预警等。在黑夜,使用红外夜视摄像头传感器及其他车载传感设备和汽车电子控制单元,可实现执行类驾驶辅助功能,包括车道保持辅助、车道变换辅助、智能远光控制和行人保护等。

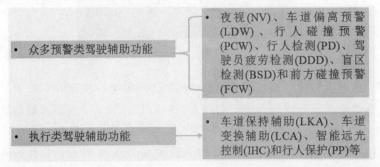

图 8-14 红外夜视系统的功能

红外热成像技术一般有被动红外热成像技术和主动红外热成像技术两种。

被动红外热成像技术基于目标与背景的温度和辐射率差别,利用辐射测温技术对目标逐点测定辐射强度而形成可识别的目标物热图像。被动红外热成像技术探测距离远,无需补光光源,对远处行人、动物探测较清晰,但成本较高,其他物体远处成像模糊,画面辨识度低,过度依赖物体的热量,环境温度超过 33℃ 时会失效。

主动红外成像技术是由 LED 红外灯发出波长为 780~1 100 m 的红外光,这个波段的光线人眼无法识别去照射被观察的景物,通过 CCD 等成像器件,将观察景物反射的红外辐射图像转换成可识别的图像,从而达到夜视的目的。主动红外成像技术价格适中,成像清晰,可视距离适中,但需要有屏蔽或过滤对方车灯照射光源的能力,并且对可见光反射较差的材料成像差。

由于红外摄像机采用变倍摄像机,镜头的焦距是变化的,其成像的视场角(也称探视角)在不停地变化,固定的红外补光灯出光角很难同时满足红外摄像机远距离的窄视场角和近距离宽视场角的需求。出光角与视场角的关系如图 8-15 所示,如果出光角不变,在近距离时,出光角小于视场角,补光光源不能覆盖目标物。在远距离时,出光角大于视场角,造成光能浪费。通过采用同步变焦红外的 LED 补光灯,红外光的出光角跟随镜头的视场角同步变化,大大减少了光功率的损失,将红外光夜视距离提高到 120~150 m。

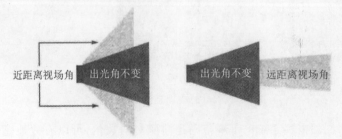

图 8-15 出光角与视场角

最新的主动红外成像技术采用红外激光光源,光束的角度小、能量集中,夜视距离可达400~500 m,如提高红外激光的光能,夜视距离还可以进一步提高。

这里,我们以瑞典奥托立夫公司为例进行介绍。它是汽车红外夜视系统的龙头企业,占据全球近60%的市场。奥托立夫公司的被动红外夜视系统首先在2005款宝马7系车型上推出。2008年,奥托立夫推出了第二代夜视系统,该系统的探测距离比大灯照射范围远两倍,且一旦探测到行人就会在车辆夜视显示器上标出。系统通过分析情景内容和车辆动力学来判断行人是否有受撞击的危险,并及时向驾驶人员提供足够的时间进行反应。2013年,奥托立夫发布了全新的红外夜视融合系统,该系统的双红外摄像头系统结合了被动红外摄像头与主动红外摄像头的优势,将主动红外摄像头安装在挡风玻璃后方,通过红外线的反射捕捉前方道路状况,被动红外线摄像头通过热辐射检测,能够感应到前方的动物与行人。

在2016年国际消费类电子产品展览会中,奥托立夫公司展示最新的第三代夜视系统,如图8-16所示。它成为世界上首个在完全黑暗或大雾中,在比大灯照射范围远两倍的距离外,就能探测到交通危险和生物的夜视系统。该系统将大灯可能照射不到的远处路况,通过红外线技术生成图像,结合汽车自身行走的路线,分析路况中的各个不同对象可能带来的潜在危险。例如,在夜晚中有行人要横穿马路,该夜视系统可以在比大灯照射范围远两倍的距离监测到行人并向驾驶人员提示,给予驾驶人员足够的时间来采取安全措施。

国外提供汽车红外夜视系统的企业还有德国博世、美国德尔福、法国法雷奥和日本索尼等。国内的相关企业有保千里视像科技集团等。

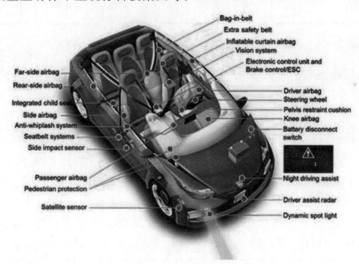

图8-16 奥托立夫公司的第三代夜视解决方案

8.3 视觉识别技术

车辆在获取了视觉感知数据后,需通过视觉识别技术对其进行处理。视觉识别按照摄像头传感器的数目可分为单目摄像头和双目摄像头,按照软件算法可分为基于机器学习的图像识别方法和基于深度机器学习的图像识别方法,如图8-17所示。

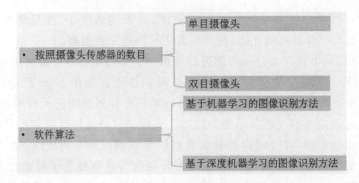

图 8-17 视觉识别分类

我们以 Mobileye 的单目视觉识别为例,如图 8-18 所示,展示了它的视觉处理芯片及研发历程。

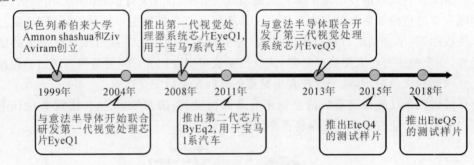

图 8-18 Mobileye 视觉处理芯片及研发历程

Mobileye 由以色列希伯来大学的 Amnon shashua 和 Ziv Aviram 这两位工程师于 1999 年创立,总部位于以色列耶路撒冷工业园区。Mobileye 的视觉处理芯片采用机器学习模式识别技术,通过单目摄像头扫描车辆的图像信息,并对车辆环境与模型库进行匹配分析,完成对道路基础设施、道路目标物和交通环境的识别。通过多年和全世界大部分汽车厂商的合作,Mobileye 模型库积累了不同气候、不同道路状况、横跨 40 多个国家的驾驶场景。但是,如果目标物在模型库中找不到对应的模型,就可能出现检测的失误。

2004 年,Mobileye 与意法半导体开始联合研发第一代视觉处理芯片 EyeQ1。利用机器学习的图像识别方法,对道路上的车辆、行人、自行车、动物和路障进行感知检测,对交通标志、交通信号灯、车道线和道路过界进行感知和识别。2008 年 9 月,Mobileye 推出第一代视觉处理器系统芯片 EyeQ1,用于宝马 7 系汽车。宝马 7 系汽车利用大陆电子的 CMOS 摄像头采集视频信息,利用 Mobileye 的 EyeQ1 进行数据处理,提供基于交通标志识别的限速指示、基于车道识别的车道偏离预警和远光灯辅助三个驾驶辅助功能。

2011 年 9 月,Mobileye 推出第二代芯片 EyeQ2,用于宝马 1 系汽车。EyeQ2 在 EyeQ1 的基础上,性能提高了 6 倍,并增加了行人检测、基于视觉测距的前方碰撞预警及自动紧急制动和基于交通标志识别的禁止超车指示等驾驶辅助功能。

2013 年,Mobileye 和意法半导体联合开发了第三代视觉处理系统芯片 EyeQ3。EyeQ3 在 EyeQ2 的基础上,将运算性能再次提高 6 倍。EyeQ3 提供毫米波雷达测距数据与摄像头视觉数据融合能力,同时支撑前视安装和环视安装的摄像头,提供基于视觉检测的自适应巡航驾驶辅助功能。

2015年,Mobileye推出第4代芯片EyeQ4的测试样片,并于2018年实现量产。2018年,Mobileye上半年发布了第5代芯片EyeQ5的测试样片。

Mobileye的驾驶辅助系统主要基于单目摄像头和视觉处理芯片,能实现前方碰撞预警、行人碰撞预警、前方车距监测与预警、车道偏离预警、智能远光灯控制、仅有视觉的自适应巡航控制和交通标志识别等功能。

现在,我们通过一个事件来引入双目视觉检测。2016年5月7日,一辆特斯拉Model S轿车在佛罗里达州的一条公路上开启自动驾驶模式时,与一辆从垂直方向开来的拖挂车相撞,致轿车驾驶人员死亡。当时的Model S轿车上采用单目摄像头,对于过于明亮的白色拖车侧面,单目摄像头误以为是白云,从而造成漏检。2016年7月,特斯拉决定放弃原来的单目摄像头,采用双目摄像头的视觉检测方案。之后,双目逐渐成为视觉识别的主流趋势,包括特斯拉等整车厂商都开始向这个方向发展。

我们以中科慧眼的双目视觉检测为例进行介绍。北京中科慧眼科技有限公司成立于2014年,是一家从事汽车自动驾驶系统及相关产品研发的高科技公司。不同于行业普遍采取单目摄像头的技术方案,中科慧眼提出双目摄像头的设计思路。双目立体视觉融合相当于两只眼睛获得的图像,通过视差原理,从不同位置获取车辆、行人、非标准障碍物和道路标志等物体的两幅图像,通过实时计算图像像素对应点间的位置偏差,来获取物体的三维信息,从而对前方景物实时进行距离的精确感知。如图8-19所示,通过双摄像头视差原理,不同位置物体呈现颜色深浅不一。图8-20所示的为中科慧眼双目ADAS产品Smarter Eye。

图8-19 双摄像头的拍摄样图

图8-20 中科慧眼双目ADAS产品Smarter Eye

相比单目视觉检测,双目视觉检测效率高,能够同步曝光且参数一致(误差在微秒以内),其传感器位置固定,测量精度更高。此外,无需维护庞大的样本库,其也可以保证高效的动态检测。目前国际上已有奔驰等豪华品牌车型在运用这项技术。

如图8-21所示为双目摄像头的工作原理。双目摄像头通过视差完成对目标物的检测,离摄像头越近的目标物(如行人),对应的视差就越大,越远的目标物(如树),对应的视差就越小。双目摄像头传感器本质上是对距离的探测。通过双目实时深度计算,可以计算出视野内障碍物每个点到摄像头的距离,然后快速划分出障碍物平面。如此一来,数据训练就显得不是那么重要了。但是,对于双目摄像,距离越远,视差越差。

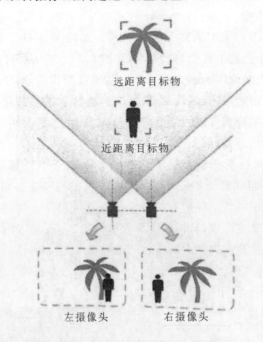

图8-21 双目摄像头工作原理

最后,我们对图森科技基于深度学习的视觉识别进行讲解。北京图森未来科技有限公司是一家科技创新企业,成立于2015年,专注于人工智能和计算机视觉技术的研发与应用。2016年9月19日,图森宣布其研发的计算机视觉与深度学习算法在全球自动驾驶算法公开排行榜KITTI和Cityscapes评测数据集上均获得世界第一。图森科技将自动驾驶分为两部分实现,即将自动驾驶技术与高级驾驶辅助技术相结合,以ADAS技术的进步最终促成自动驾驶技术的实现。

8.4 车载雷达

雷达英文原意是指无线电探距和测距。包括毫米波雷达、超声波雷达和激光雷达。

8.4.1 车载毫米波雷达

毫米波雷达通过发射毫米波信号(波长为1~10 mm,频率为30~300 GHz),并从目标物接收反射信号,对接收到的信号进行处理,进而探测物体之间的距离、方位和相对速度等。它属于主动型传感设备,可用于实现自适应巡航、碰撞预警和盲区检测等功能。图8-22为车载毫米波雷达探测示意图。

 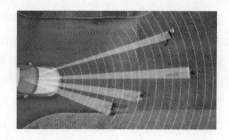

图 8-22 车载毫米波雷达探测

毫米波雷达精度高、实时性好,不需要复杂的设计与繁复的计算。它的传输距离远,在传输窗口内大气衰减和损耗低,穿透性强、可靠性高,可满足车辆对全天气候适应性的要求,而且不受光照、黑夜、雨、雪、雾等的影响,环境适应性能好。但是,毫米波雷达对行人反射与测距效果差,无法识别交通标志和行人,且相近雷达之间的电磁波相互干扰,从而影响工作效能。

目前,毫米波雷达的主流可用频段为 24 GHz 和 77 GHz。毫米波雷达频率越高,检测的分辨率越高,探测距离越近。未来车载毫米波雷达频段将以 77 GHz 为主,24 GHz 作为过渡。

车载毫米波雷达主要包括毫米波天线电压控制振荡器、无线发射模块、无线接收模块和信号处理模块,其工作原理如图 8-23 所示。电压控制振荡器为无线发射与接收模块提供基准的毫米波信号。无线发射模块发射毫米波信号,遇到物体后信号反射并被无线接收模块接收。信号处理模块的功能由基于微控制器的信号处理软件 MCU 实现,它对接收到的反射信号进行处理,根据发射和反射信号的方向与时间间隔,计算目标物的距离、方位和相对速度。计算结果经 CAN 总线输入到发动机管理系统、制动防抱死系统、自动变速器和电动助力转向系统等电子控制系统,电子控制系统根据毫米波雷达的检测结果进行加速、减速或方向控制,实现自适应巡航、自动紧急制动等驾驶辅助功能,或经车载以太网输出,与车载计算平台连接,为自动驾驶的环境感知子系统提供环境感知数据。

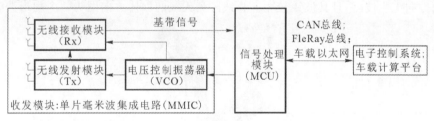

图 8-23 车载毫米波雷达原理结构

车载毫米波雷达有前置安装和后置安装两种方式,安装位置及探测区如图 8-24 所示。

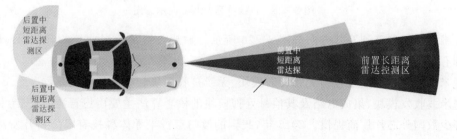

图 8-24 车载毫米波雷达安装位置及探测区

前置雷达可用于实现前方碰撞预警和行人碰撞预警等预警类驾驶辅助功能,还可以与汽车电子控制功能结合,用于实现自适应巡航、自动紧急制动和行人保护等执行类驾驶辅助功能。前置雷达可分为长距离雷达和中短距离雷达,长距离雷达的探测距离可达 250 m,适用的最高巡航速度可达 250 km/h。由于长距离雷达探测角度偏小(为 12°~40°),一个长距离雷达往往很难满足复杂路况的需求。为了拓宽探测角,有时会安装两个长距离雷达,安装在雾灯位置。前置的中短距离雷达探测距离为 160 m,适用的巡航速度小于 150 km/h,其探测角为 12°~84°,可以满足探测角的要求,一般安装在前保险杠中间的位置。

后置雷达可用于实现盲区检测和追尾碰撞预警等预警类驾驶辅助功能,如果后方车辆快速接近,通过快闪双跳等提醒后方驾驶人员,还可以与汽车电子控制功能结合,可用于实现车道变换辅助等执行类驾驶辅助功能。后置雷达采用两个中短距离雷达,分别安装在车辆的左侧和右侧尾部,以满足车辆侧面盲区视角的探测要求。后置毫米波雷达与后置超声波雷达所实现的驾驶辅助功能效果类似。后置中短距离雷达的探测角为 150°左右,探测距离为 80 m 左右,比超声波雷达的探测距离更远,可以实现追尾碰撞预警的驾驶辅助功能。

目前大部分毫米波雷达的探测主要是在水平方向,在垂直方向为了减少地面回波和空中的干扰(如来自高架桥和路牌的干扰),天线基本上是窄波束设计,也就是说毫米波雷达的探测区是一个扁平的扇形探测区,对于底盘较高的车辆,可能会出现漏检现象。

毫米波雷达的典型器件主要分两种,第一种是基于 PCB(Printed Circuit Board)基板的毫米波天线,第二种是毫米波收发模块及微波集成电路。

毫米波雷达天线的主流方案是在普通 PCB 基板上实现微带阵列天线。微带天线从一般天线的三维立体结构降维到二维平面结构,天线体积被大大压缩。

微带阵列天线可分为直线阵列天线和平面阵列天线。直线阵列及其方向如图 8-25 所示。贴片天线单元形成直线阵列,与直线平行的平面方向有主波瓣,且其波束较窄,与直线垂直的平面方向无主波瓣,且其波束较宽。直线阵列天线的立体方向图为一个扁形波瓣。

图 8-25 直线阵列及其方向示意图

二维平面矩形阵列及其方向如图 8-26 所示。贴片天线单元形成矩阵阵列,H 平面和 E 平面都有主波瓣,且其波束较窄,立体方向图像尖锥。

毫米波雷达收发模块包括无线发射模块、无线接收模块和电压控制振荡器。

毫米波收发模块、集成电路及其信号处理模块的核心算法主要由恩智浦、英飞凌和意法半导体等少数国外芯片厂商提供。2015 年,我国的厦门意行半导体科技有限公司开发出拥有自主知识产权的 24 GHz 车载雷达毫米波集成电路,填补了国内空白。厦门意行在 77 GHz 毫米波集成电路的研制上也取得了一定的突破,东南大学毫米波国家重点实验室也在开展 77

GHz毫米波集成电路的研发。

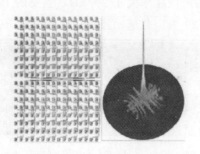

图8-26 矩形阵列及其方向示意图

以博世为例，介绍车载毫米波雷达系统的典型产品。博世提供的毫米波雷达传感器，有中距雷达和长距雷达，都工作在76～77 GHz频段。图8-27所示为博世中距雷达MRR。博世中距雷达采用英飞凌硅锗单片微波集成电路，工作在77 GHz频段。博世毫米波雷达采用三个发射器和微带阵列天线，且雷达发射天线的探测角可调整。

图8-27 博世中距雷达MRR

博世中距雷达分为前置和后置两种。前置中距雷达主要用于自适应巡航和自动紧急制动等驾驶辅助功能，它有主天线和评估天线两个发射天线，它们的探测角如图8-28所示。主天线的探测角较小，主要用于检测正前方较远距离和较高运动速度的车辆。评估天线的探测角较大，主要用于探测范围更广和高度更高的近距离、慢速运动的目标物，可提早检测从一辆停着的汽车后面走向马路中间的行人。后置中距雷达只有主发射天线，主天线的探测角较大，主要用于探测后方较远距离的车辆。

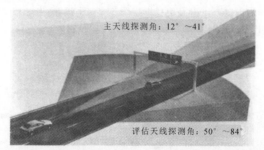

图8-28 博世前置中距雷达主天线和评估天线的探测角

8.4.2 车载超声波雷达

超声波雷达也称超声波传感器，是通过发射超声波，并从目标物接收反射信号而进行感知的设备。车载超声波雷达的超声波频率大于 20 kHz，主要的工作频段为 38~42 kHz。它是一种主动型传感设备。图 8-29 为车载毫米波雷达探测示意图。

图 8-29 车载超声波雷达探测示意图

超声波雷达主要用于短距离目标物的探测，最大特点是探测距离短，不超过 10 m。对远距离目标物的探测不如毫米波雷达和激光雷达，但是超声波对短距离目标物的探测可以发挥较大的优势，超声波雷达最短的探测距离可以小到 3 cm，这是其他车载传感器难以比拟的。

通过上面的特点分析可以看出，超声波雷达具有方向性好、穿透能力强、硬件成本低以及不受黑暗影响等优点。但是，它对目标物的分辨能力较差，探测传输时间和算法处理数据的时间较长，对松软目标物的探测易受影响。

车载超声波雷达可实现以下功能：

（1）倒车提醒功能。在车辆后面安装数个超声波雷达，可以实现倒车提醒功能，因此超声波雷达也常被称为倒车雷达。

（2）自动泊车功能。在车辆周围安装多达 12 个超声波雷达，通过与车载影像系统的结合，不断探测周围障碍物，可以实现自动泊车功能。超声波雷达用于自动泊车，在成本价格和短距离探测方面比其他传感设备具有一定的优势。

（3）盲区检测和车道变换辅助等驾驶辅助功能。车载超声波雷达虽然能实现此功能，但是由于其探测范围较小，对目标物的分辨能力较差，对目标物探测时间长，如距离 2 m 的目标物的探测传输时间就达到 12 ms（这里未计数据处理的时间）。在德国，有时车速可高达 200 km/h，在 12 ms 的时间内车辆会移动 0.67 m，所以主流车厂主要采用毫米波雷达或摄像头实现盲区检测和车道变换辅助功能。

车载超声波雷达的工作原理如图 8-30 所示。它一般采用渡越时间法对目标物进行测距，其中，超声波换能器是其关键的工作部件。超声波换能器如图 8-31 所示，主要由压电陶瓷等压电材料组成，既可以发射超声波，也可以接收超声波。

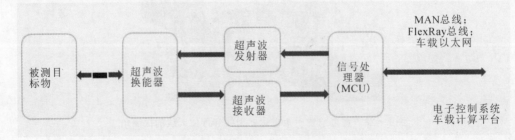

图 8-30 车载超声波雷达测距原理

图 8-31 超声波换能器

超声波发射器将一定频率(一般选择 40～50 kHz 的超声波频段)和一定宽度(约 0.2 ms)的电功率脉冲信号送至超声波换能器,超声波换能器将电信号转换成机械振动功率,即超声波。超声波通过介质(如空气和水等)传递出去,遇到具有相对超声波波长(超声波的波长很短,只有 6.8～8.5 mm)更粗糙的表面的目标物就会产生漫反射。有一部分超声波能量反射到超声波声源,超声波换能器从发送模式转换成接收模式,超声波换能器收到超声回波后,将超声振动机械能转换成电信号,并送到超声波接收器。超声波接收器将接收到的脉冲电信号进行放大、滤波器处理、自动增益调整和整形比较等处理,将处理后的电信号送至信号处理器。

基于 MCU 的信号处理器记录超声波从发射到遇到目标物返回所经历的时间,再乘以超声波速度,就得到两倍的超声波声源与目标物之间的距离。微控制器将超声波雷达的探测方位和所探测的目标物距离经 CAN 总线输入到发动机管理系统、制动防抱死系统、自动变速器和电动助力转向系统等电子控制系统,电子控制系统根据超声波雷达的检测结果进行前进、后退和方向控制,就可以实现自动泊车等驾驶辅助功能,或经车载以太网输出,与车载计算平台连接,为自动驾驶的环境感知子系统提供环境感知数据。

超声波雷达发送的超声波具有一定的探测角度,称之为波束角,一般是 30°左右。为了满足更广探测角的要求,往往需要在车辆四周安装 2～12 个超声波雷达。超声波雷达安装位置及功能如表 8-3 所示。

表 8-3 超声波雷达安装位置及功能

实现功能	雷达配置	配置说明	功能说明
倒车雷达	2～4 个	车身后方安装 2～4 个传感器,以满足后方的探测角度要求	倒车时遇到目标物发出警告
盲区检测	4 个	车身侧面安装 4 个传感器,以满足车辆侧面盲区探测角的要求	探测车辆两侧盲区的近距离目标物,必要时给予警告
自动泊车或自动驾驶	8～12 个	车身周围安装 8～12 个传感器,以满足车辆前后和侧面盲区探测角的要求	探测车辆周围环境中的近距离目标物,以实现自动泊车或自动驾驶功能

初期,超声波雷达主要用于倒车,在车身后方安装 2～4 个传感器,满足后方的探测角度的要求,倒车时遇到目标物发出警告。

在驾驶辅助阶段,车载超声波雷达可用于实现盲区检测的功能,在车身侧面安装 4 个传感器,满足车辆侧面盲区探测角的要求,探测车辆两侧盲区的近距离目标物,必要时给予警告。

此外，车载超声波雷达还可用于实现自动泊车或自动驾驶功能，在车身周围安装 8~12 个传感器，以满足车辆前后和侧面盲区探测角的要求。例如，特斯拉在其 L2/L3 级别的自动驾驶汽车 Model S P85D 车型上安了 12 个超声波雷达，用于实现自动泊车和自动驾驶，如图 8-32 所示。

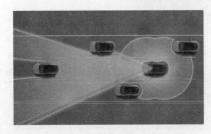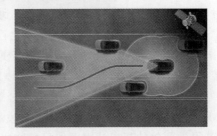

图 8-32 Model S P85D 和其自动驾驶

全球倒车雷达产业主要的品牌有德国的博世、法国的法雷奥、日本的电装等一级汽车零部件供应商。由于与汽车整车厂的关系及其系统集成能力，这些企业的倒车雷达销售模式属于前装模式，一些一级汽车零部件供应商，如德国博世，已利用超声波雷达实现自动泊车功能。由于我国倒车雷达产品开发起步较晚，在整体技术上与国际先进水平还有较大差距。目前，我国生产倒车雷达的企业超过 200 家，大部分倒车雷达企业采用后装销售模式。

博世的超声波雷达在 20 世纪 90 年代就开始量产，主要用于倒车雷达，图 8-33 所示的是博世第 5 代超声波雷达，其最小探测距离为 20 cm，最大探测距离为 4.5 m。博世第 6 代超声波传感器已在 2018 年量产，其最小探测距离为 3 cm，最大探测距离可达 5.5 m。

图 8-33 博世第 5 代超声波雷达

8.4.3 车载激光雷达

激光雷达(Light Detection and Ranging, LiDAR)又称激光探测和测距，与无线电雷达的全称无线电探测和测距相对应。激光雷达是一种主动型传感器，由发射系统、接收系统和信息处理等部分组成，如图 8-34 所示。

第 8 章 车载传感设备

图 8-34 车载激光雷达

激光雷达的工作原理如图 8-35 所示。它将电脉冲变成光脉冲发射出去,经过信息处理系统,光接收机再把从目标反射回来的光脉冲还原成电脉冲,通过测量发射脉冲与一个或数个回波脉冲之间的时间差,从而获得距离、物体材质和颜色等参数。利用收集的目标对象表面大量的密集点的三维坐标、反射率等信息,快速复建出目标的三维模型及各种图件数据,建立三维点云图,绘制出环境地图,以达到环境感知的目的。

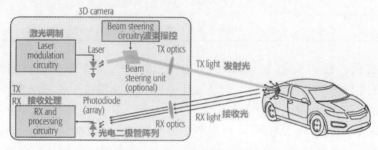

图 8-35 激光雷达的工作原理

由于极佳的空间相干性和方向性,激光雷达无须进行波束合成就有极小的光束探测角,因而具有极高的垂直与水平角分辨率和测距精度,这是毫米波雷达和超声波雷达所不具备的。

激光雷达采用红外激光,因而不受外界光线的影响,无论是白天还是黑夜、阴天还是晴天,激光雷达都能够正常运转。但激光雷达也有缺陷,其测距范围和精度在恶劣天气下(如大雾、雨、雪等)会受到影响,抗干扰的能力不如毫米波雷达,图像识别能力不如摄像头传感器。

如图 8-36 所示,激光雷达可分成一维、二维和三维激光雷达。一维激光雷达只能用于线性的测距,二维激光雷达只能在平面上扫描,比如平面面积与平面形状的测绘,像我们现在家里购买并使用的扫地机器人就是运用了该技术。三维激光雷达可进行三维空间扫描,用于户外建筑测绘,驾驶辅助和自主式自动驾驶。三维激光雷达又包含 3D 扇形和 3D 旋转式扫描激光雷达,3D 扇形扫描激光雷达只在水平方向的一个扇区内进行扫描,驾驶辅助就是采取这种方式。

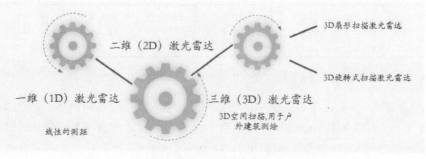

图 8-36 激光雷达分类

3D扇形扫描激光雷达主要用于驾驶辅助,可以与毫米波雷达互为补充。3D扇形扫描激光雷达安装位置及功能见表8-4,3D扇形扫描激光雷达所实现的驾驶辅助功能与激光雷达的安装位置相关,前置中部安装可用于实现自适应巡航、前方碰撞预警、自动紧急制动、行人碰撞预警和行人保护等驾驶辅助功能。前置左右角安装或后置左右角安装,可实现盲区检测和车道变换辅助等驾驶辅助功能。后置中部安装可实现追尾碰撞预警等驾驶辅助功能。

表8-4 3D扇形扫描激光雷达安装位置及功能

安装位置	雷达配置	实现功能
前置	中部	自适应巡航(ACC),前方碰撞预警(FCW),自动紧急制动(AEB),行人碰撞预警(PCW),行人保护(PP)
	左右角	左右角盲区检测(BSD),车道变换辅助(LCA)
后置	左右角	左右角盲区检测(BSD),车道变换辅助(LCA)
	中部	追尾碰撞预警(RCW)

我们以具有代表性的企业——德国的Ibeo公司为例,来介绍扇形扫描激光雷达。图8-37所示是公司logo和其发展历程。它成立于1998年,总部位于德国汉堡。2000年,被传感器制造商西克集团收购,成为其旗下的子公司。2009年,Ibeo脱离西克,专注于智能驾驶方向激光雷达的开发。2010年,Ibeo与一级汽车零部件供应商法雷奥(Valeo)合作,为整车厂开发并提供激光雷达和驾驶辅助解决方案。2016年8月,汽车领域的传动与底盘技术供应商采埃孚(ZF)宣布收购Ibeo公司40%的股权。

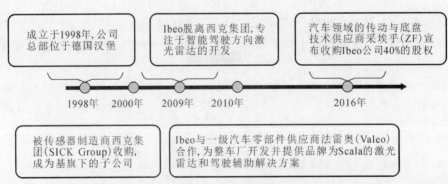

图8-37 德国Ibeo公司logo及发展历程

采用Ibeo或Scala激光雷达的整车厂包括奥迪、宝马、大众、通用汽车、丰田、本田和日产等。比如奥迪A7在它的Piloted Driving高度自动驾驶汽车上配置了两个Scala激光雷达,布置在前后保险杠上。Scala激光雷达如图8-38所示。

图 8-38　Scala 激光雷达

Ibeo 开发的 4 线激光雷达可以自动识别区分路上的行人、自行车、大型卡车和轿车这 4 类移动物体,这 4 类之外的物体一般被标为未知物体,此时会发出报警,但是不会把它自动分类。8 线的激光雷达如果安装在离地 30~40 cm 的车辆左前和右前方向,可以比较好地识别车辆拐弯时内侧的信息。

LUX 雷达如果是 4 线和 8 线,直接识别车道线会比较难,可能还要经过一些特征提取,然后再判断。在 4 线、8 线雷达的基础上,如果再安装一个 1 线激光雷达向地面扫描,Ibeo 提供的软件根据反馈信号强度进行处理,在软件中对车道线进行标识,进而清晰地绘制地线。通过软件处理以后,视频里中央加亮的是本车,周围有一些超越本车或是被本车超越的车辆,可以把这些车辆的轮廓清晰地勾勒出来,包括车道线信息,都可以通过 1 线、4 线和 8 线低线束的激光雷达来实现。

Ibeo 当时在英国对一些环境进行了还原,他们专门找了一个车线特殊的区域,不是弧线也不是直线,而是类似于闪电的形状,通过激光雷达扫描可以比较清晰和准确地把地线的信息进行还原。

此外,为了让 3D 扇形激光雷达用于自主式自动驾驶,实现 360°的环境感知,Ibeo 开发了可以集成与融合多个激光雷达数据的 360°激光扫描系统。其 360°激光扫描系统如图 8-39 所示,它采用 6 个 LUX 激光雷达,分别安装在车辆前端和后端保险杠的左、中、右位置。通过激光雷达感知的数据,以及外部的卫星定位接收系统输入的车辆位置数据、惯性导航系统输入的运动速度和运动方向等数据,全部送至专门的电子控制单元,进行感知数据的融合、处理和分析,构建 360°的 3D 扫描模型。

图 8-39　Ibeo 的 360°激光扫描系统

3D 旋转式扫描激光雷达一般安装在车辆的顶部,如图 8-40 所示,可对道路基础设施(如道路、桥梁、立交桥、隧道、交叉路口等)、道路目标物(如车辆、自行车、行人、道路障碍物等)进行 3D 逐点扫描,获得目标物的轮廓和位置信息,形成 3D 激光雷达扫描"点云"图。3D 旋转式扫描激光雷达可帮助车辆识别前、后、左、右 360°道路基础设施和目标物的高精度距离位置,某精度可达厘米级,这是摄像头传感器所不能达到的。

图 8-40　3D 激光雷达扫描"点云"图

我们以 Velodyne 公司的 3D 激发雷达为例,介绍旋转扫描激光雷达的发展历程。如图 8-41 所示,Velodyne 于 1983 年成立于美国硅谷,公司早期从事声学产品的研发。2005 年,Velodyne 开始研发激光雷达,并于 2007 年推出第一款激光雷达产品。2012 年,Velodyne 的 64 线 3D 旋转式扫描激光雷达用于谷歌的无人驾驶汽车及其路测。Velodyne 公司的销售模式是直接面向互联网公司或整车厂用户,如谷歌、Uber、福特和百度等。2016 年,Velodyne 将其激光雷达部门独立出去,成立了新公司 Velodyne LiDAR。2016 年 8 月,Velodyne LiDAR 获得福特汽车与百度联合注资的 1.5 亿美元。到 2016 年年底,Velodyne LiDAR 已经和 25 个不同的无人驾驶汽车项目达成合作协议。

图 8-41　Velodyne 发展历程

Velodyne 的 3D 激光扫描雷达如图 8-42 所示,有 HDL-64、HDL-32 和 VLP-16 三个系列产品,分别采用 64 线、32 线和 16 线激光。激光光束通过透镜发出,遇到障碍物折返后经过透镜被抓取,然后被激光接收器接收,经处理器分析后,计算激光雷达与障碍物的距离。激光雷达所采集的距离及其相应的时间、激光束层数和激光雷达旋转位置等数据都会被激光雷达通过传输接口,传送至外部电脑存储和处理。HDL-64、HDL-32 和 VLP-16 的有效探测距离分别为 120 m、100 m 和 100 m。

图 8-42　Velodyne 的三款 3D 激光雷达

复习思考题八

1. 阐述车载传感设备的作用。
2. 请以特斯拉车辆的某一车型为例,阐述其车载传感设备的安装位置及作用。
3. 阐述未来在车载传感设备帮助下,驾驶车辆和停泊车辆与目前的不同。

第 9 章 车联网发展趋势

9.1 我国相关产业发展政策

1.《智能汽车创新发展战略》

2020年2月24日,国家发改委等11部委联合印发《智能汽车创新发展战略》,其中在战略愿景提出:展望2035到2050年,中国标准智能汽车体系全面建成、更加完善。安全、高效、绿色、文明的智能汽车强国愿景逐步实现,智能汽车充分满足人民日益增长的美好生活需要。

具体战略愿景包括,到2025年,中国标准智能汽车的技术创新、产业生态、基础设施、法规标准、产品监管和网络安全系基本形成。实现有条件自动驾驶的智能汽车达到规模化生产,实现高度自动驾驶的智能汽车在特定环境下市场化作用。智能交通系统和智慧城市相关设施建设取得积极进展,车用无线通信网络(LTE-V2X等)实现区域覆盖,新一代车用无线通信网络(5G-V2X)在部分城市、高速公路逐步开展应用,高精度时空基准服务网络实现全覆盖。

《智能汽车创新发展战略》也提出了发展智能汽车的六大具体任务。

第一,构建协同开放的智能汽车技术创新体系:突破关键基础技术,完善测试评价技术,开启应用示范试点。

第二,构建跨界融合的智能汽车产业生态体系:增强产业核心竞争力,培育新兴市场主体,创新产业发展形态,推动新技术转化应用。

第三,构建先进完备的智能汽车基础设施体系:推进智能化道路基础设施规划建设,建设广泛覆盖的车用无线通信网络,建设覆盖全国的车用高精度时空基准服务能力,建设覆盖全国路网的道路交通地理信息系统,建设国家智能汽车大数据云控基础平台。

第四,构建体统完善的智能汽车法规标准体系:健全法律法规,完善技术标准,推动认证认可。

第五,构建科学规范的智能汽车产品监督体系:加强车辆产品管理,加强车辆使用管理。

第六,构建全面高效的智能汽车网络安全体系:完善安全管理联动机制,提升网络安全防护能力,加强数据安全监督管理。

此外,《智能汽车创新发展战略》还提出要完善扶持政策,研究制定相关管理标准和规则,出台促进道路交通自动驾驶发展的政策,引导企业规范有序参与智能汽车发展。利用多种资金渠道,支持智能汽车基础共性关键技术研发和产业化、智能交通及智慧城市基础设施重大工程建设等。强化税收金融政策引导,对符合条件的企业按现行税收政策规定享受企业所得税税前加计扣除优惠,落实中小企业和初创企业的财税优惠政策。利用金融租赁等政策工具,重点扶持新业态、新模式发展。

2.《汽车产业中长期发展规划》

2017年4月25日,工业和信息化部、国家发展和改革委员会和科技部联合发布《汽车产业中长期发展规划》。根据该规划,我国汽车产量仍将保持平稳增长,预计2025年将达到3500万辆。汽车产业规划中与网联自动驾驶相关的发展规划包括:依托各类产业投资基金、汽车产业联合基金等资金渠道,支持智能网联汽车创新中心建设工程和智能网联汽车推进工程等8大工程实施;通过国家科技计划(专项、基金等)统筹支持前沿技术、共性关键技术研发。

到2025年,智能网联汽车创新中心高效服务产业发展,具备较强国际竞争力,智能网联汽车进入世界先进行列。充分发挥智能网联汽车联盟、汽车产业联合基金等作用,不断完善跨产业协同创新机制,推进智能网联汽车技术创新,重点攻克环境感知、智能决策、协同控制等核心关键技术,促进传感器、车载终端、操作系统等研发与产业化应用。

突破车用传感器、车载芯片等先进汽车电子等产业链短板,培育具有国际竞争的零部件供应商,形成从零部件到整车的完整产业体系。到2025年,形成若干家进入全球前10的汽车零部件企业集团。

到2025年,汽车DA(驾驶辅助)、PA(部分自动驾驶)、CA(有条件自动驾驶)系统新车装配率达80%,其中,PA、CA级新车装配率达25%,高度和完全自动驾驶汽车开始进入市场。

3.《推进"互联网+"便捷交通 促进智能交通发展的实施方案》

2016年7月,国家发展和改革委员会和交通运输部联合发布《推进"互联网+"便捷交通 促进智能交通发展的实施方案》(以下简称《实施方案》)。《实施方案》与智能交通相关的主要内容包括:完善智能运输服务系统,构建智能运行管理系统,健全智能决策支持系统,加强智能交通基础设施支撑,全面强化标准和技术支撑,实施27个重点示范项目。

在《实施方案》中,构建智能运行管理系统主要是推进新一代国家交通控制网、智慧公路建设,增强道路网运行控制管理能力。加强智能交通基础设施支撑主要是建设先进感知监测系统,构建下一代交通信息基础网络。全面强化标准和技术支撑包括对车联网和自动驾驶技术,加大对基于下一代移动通信及下一代移动互联网的交通应用技术研发支持力度,攻克面向交通安全和自动驾驶的人车路协同通信技术。

《实施方案》综合考虑国家战略、区域条件、市场需求等因素,提出27个重点示范项目,包括:新一代国家交通控制网示范工程,它由交通运输部和公安部牵头,各相关省市人民政府实施;基于宽带移动互联网的智能汽车与智能交通应用示范工程,它由工业和信息化部、交通运输部、公安部牵头,浙江省、北京市、河北省、重庆市人民政府实施,等等。

4.《新一代人工智能发展规划》

2017年7月8日,国务院发布《新一代人工智能发展规划》(下称《发展规划》)。《发展规划》的战略目标分三步走:第一步,到2020年人工智能总体技术和应用与世界先进水平同步,人工智能产业成为新的重要经济增长点;第二步,到2025年人工智能基础理论实现重大突破,部分技术与应用达到世界领先水平;第三步,到2030年人工智能理论、技术与应用总体达到世界领先水平,成为世界主要人工智能创新中心。

《发展规划》要求大力发展人工智能新兴产业。其中,要求发展自动驾驶汽车,加强车载感知、自动驾驶、车联网、物联网等技术集成和配套,开发交通智能感知系统,形成我国自主的自动驾驶平台技术体系和产品总成能力,探索自动驾驶汽车共享模式。

《发展规划》由国家科技体制改革和创新体系建设领导小组牵头统筹协调,审议重大任务、重大政策、重大问题和重点工作安排,推动人工智能相关法律法规建设,指导、协调和督促有关部门做好规划任务的部署实施。

5.《国家集成电路产业发展推进纲要》

2014年6月24日,国务院发布《国家集成电路产业发展推进纲要》(以下简称《推进纲要》)。

《推进纲要》提出的发展目标是:到2030年,集成电路产业链主要环节达到国际先进水平,一批企业进入国际第一梯队,实现跨越发展。

尽管自动驾驶汽车所需车载传感设备的芯片、车载计算平台的人工智能芯和汽车电子控制系统的MCU是新兴的集成电路市场需求,没有在推进纲要中提出,但将参照推进纲要的相关政策推动发展。

9.2 智能驾驶发展趋势

近年来,互联网技术的迅速发展给汽车工业带来了革命性的变化,汽车智能化技术正逐步得到广泛应用。从有人驾驶到智能驾驶,从智能驾驶到无人驾驶,这是汽车工业发展的必然趋势,而智能驾驶又包括驾驶辅助和自动驾驶两个阶段。驾驶辅助,顾名思义,仍需要驾驶人员主动控制车辆的行进过程,并密切注意路况和车况。在传统汽车行业中,驾驶辅助系统主要包括车道保持辅助系统、自动泊车辅助系统、刹车辅助系统、倒车辅助系统和行车辅助系统。在如今的车联网中,驾驶辅助的内容更为广泛,还包括车与车之间(V2V)的应用以及车与交通基础设施之间(V2I)的应用。V2V的应用主要包括前向碰撞预警、紧急电子刹车灯、盲点/换道预警、禁止通行警告、交叉路口驾驶辅助和左转弯辅助等,而V2I应用主要包括弯道车速警告、红灯警告、停止信号提醒、智能路况、行人警告等。这些驾驶辅助系统主要是为了提高行车的安全性,同时,也是为了帮助驾驶人员改善驾驶习惯。

相对于驾驶辅助,自动驾驶更关注汽车的自动化行驶,而驾驶辅助的主动安全警告是自动驾驶的前提。自动驾驶汽车是通过车载传感系统感知道路环境,自动规划行车路线,并控制车辆到达预定目的地的智能汽车。了解了自动驾驶的分级后,可以这样说,无人驾驶是自动驾驶的最高目标,无人驾驶汽车希望减少由于人类疏忽而造成的交通事故。

从技术层面来讲,智能驾驶汽车又分为自主式汽车和协作式汽车。自主式汽车是利用车载传感器感知车辆周围环境,并根据感知获得的车辆位置和障碍物信息,控制车辆的转向和速度,从而使车辆能够安全、可靠地在道路上行驶。它集自动控制、人工智能、视觉计算等众多技术于一体,是计算机科学、模式识别和智能控制技术高度发展的产物。

自主式汽车的车载传感器主要包括摄像机、雷达传感器和激光测距仪等。如图9-1所示,为谷歌公司Google X实验室研发的全自动驾驶汽车,车顶上搭载的扫描器可以发射64束激光射线,而激光射线碰到车辆周围的物体又反射回来,就可以计算出物体的距离。另一套搭载在车辆底部的系统可以测量出车辆在三个方向上的加速度、角速度等数据,再结合GPS数据计算出车辆的位置。

第9章 车联网发展趋势

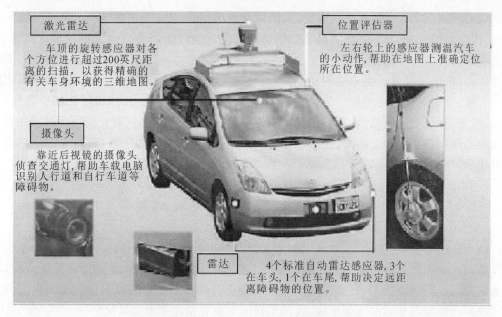

图9-1 Google X 研发的全自动驾驶汽车

自主式汽车有其固有的缺陷,它不仅需要留意周边的其他车辆,还必须完全依靠自身能力,检测周围的路人、车道、停止线、交通标志以及交通灯等一系列物体,并且对这些信息做出判断。因此,自主式汽车的发展就受到传感器探测距离与精度的限制。激光扫描仪无法穿越固体障碍物,此外,天气对自主式汽车也有巨大影响。当路面上有积雪时,自主式汽车经常会面临无法"看清"道路标志以及其他与驾驶有关线索的难题,而计算机又必须利用这些信息才能正确地定位。

2016年1月,京港澳高速河北邯郸段发生一起追尾事故,一辆特斯拉 MODEL S 直接撞上一辆正在作业的道路清扫车,MODEL S 车辆当场损坏,司机不幸身亡。经交警认定,在这起追尾事故中驾驶特斯拉车辆的驾驶人员负主要责任。同年9月,该驾驶人员家属将特斯拉公司告上法庭,指出其对"自动驾驶"功能的误导性宣传,认为是特斯拉的自动驾驶故障导致了事故的发生。但在2016年8月16日,特斯拉中文官网将"自动驾驶"一词变为"自动辅助驾驶"。特斯拉汽车公司还要求销售人员严格将这一系统表述为驾驶辅助系统。该系统还特别增加了新功能,当检测不到司机双手施加在方向盘上的阻力时,便会向驾驶人员发出警示。最后,在大量的证据面前,特斯拉公司终于被迫承认车辆在案发时处于自动驾驶状态。这说明自主式汽车运用车辆的环境感知系统,在面对参差不齐的路况场景时,没有办法穷尽极端情况,特别是视觉传感器无法做到全天候、全路况的准确感知。

协作式汽车也称为网联汽车,它通过车车联网、车路联网的方式来解决车辆的安全行驶问题。每辆车均可以通过 DSRC 技术形成车辆间自组织网络,来获取其他车辆的行驶状态与道路环境,基于这种高度共享的信息来判断事故发生的可能性。协作式的网联汽车打开了汽车之间交流的通道,就像人们之间可以交流一样,汽车之间可以共享任何信息。协作式汽车也存在一定的缺陷,例如,所有的车辆都需要安装 DSRC 设备,才能使车辆安全驾驶的提高成为可能,前期就需要投入大量的资金铺设道路设施等。

自主式智能汽车仅仅依靠车载传感器,因此需要极其强大的感知能力和处理能力,就像一台超级计算机,自身的能力要足够强,不依靠外界的帮助。协作式智能汽车通过网络实时交互,实现信息的充分共享,不仅提高了信息的获取能力,而且还降低了自身的处理能力要求,就像是一台联网的计算机,虽然自身能力不强,但是可以通过网络的资源共享而获取更多的信息。因此,智能网联汽车是未来的发展方向,只有将智能化和网联化有机地结合起来,才能做到全天候、全路况的准确感知。将智能化和网联化相结合,让自主式的智能化感知系统(如摄像头、激光雷达)在视距范围、环境相对简单的场景下发挥作用,而网联化的协作式感知系统在非视距范围和环境更加复杂的情况下更具优势。就像之前所讲的一样,相对于雷达和摄像头能直接"看"到周围环境,V2X给自动驾驶汽车装上了一双"顺风耳"。

9.3 车联网产业发展趋势

继互联网、物联网之后,车联网成为未来智慧城市的一个重要标志。我国重视车联网产业的发展,在《中国制造2025》战略中明确提出了汽车低碳化、信息化、智能化的发展方向,并将智能网联汽车与节能汽车、新能源汽车并列作为我国汽车产业未来发展的重要战略方向。随着车联网产业标准体系的逐渐形成,我国车联网产业有望迎来发展良机。

2018年6月,工业和信息化部与国家标准化管理委员会联合组织制定了《国家车联网产业标准体系建设指南》,将推动形成统一、协调的国家车联网产业标准体系架构,到2020年。拥有了大型资本的拉动,产业生态圈的活跃,加之创新技术的加速成熟,我们已经进入了车联网爆发的前夜。根据工信部、发改委和科技部联合发布的《汽车产业中长期发展规划》预计,2025年我国汽车产量将达到3 500万辆,按此测算,2025年当年具备车联网功能的新车将达到2 800万辆,将是2016年新增车联网用户规模的7.6倍,由此可见,未来车联网的应用空间十分巨大。

为什么车联网还未彻底爆发呢?一方面是从美国到欧盟,再到日本和韩国,全世界主流运营商纷纷展开车联网的布局,全球汽车行业体量超过2 000亿美元,无论是传统车企,还是特斯拉或者Google等,都在试图通过车联网重新定义未来汽车的样子。而另一方面,我国汽车保有量超过2亿辆,拥有车联网的比例却不足2%。前瞻产业研究院《中国车联网行业市场前瞻与投资分析报告》显示,2016年车联网市场规模突破190亿元,2015—2020年的年均复合增长率约为31.5%。预计到2025年,在5G快速建设与产业链成熟度快速提升的推动下,中国车联网渗透率或提升至77%左右的水平,市场规模有望达到万亿级别。

目前,中国汽车市场规模全球第一,而车联网行业处于成长阶段,潜在的市场规模巨大。同时,中国的网民数量也位居全球第一,随着智能手机的快速普及,中国消费者已经形成了使用移动互联网的习惯。同时,中国消费者对汽车尤其是网联及智能服务的要求也在逐渐提高。中国消费者对汽车联网导航、信息娱乐服务、驾驶支持系统的使用和需求程度明显高于平均水平,巨大的消费群体和强烈的使用需求为我国车联网产业的规模化发展提供了机遇。

在车联网技术应用市场,出现了一些我国自主研发的、较为创新的车联网技术应用,如安全和节能技术应用、智能救护车应用、客车公共服务平台应用、辅助驾驶系统等。但车联网的发展还面临许多挑战,主要体现在:行业技术标准不统一、成本费用高、商业模式尚不成熟、大多数企业难以实现盈利、国内车联网行业核心技术缺失、企业经验积累不足以及汽车信息安全隐患凸显等方面。

自动驾驶技术的发展初衷是为了提升交通安全性、缓解道路拥堵,要想实现这一目标必然离不开车联网技术的支持。目前,我国自动驾驶产业正处于迅速发展的重要机遇期,随着自动驾驶汽车逐步走向商用,车联网产业也有望加速实现商业化。智能网联汽车将成为主流产品,纵观国外智能车辆的发展和现状,都是以提高行车安全和行车效率为主要目的,以传感技术、信息处理、通信技术、智能控制为核心,道路、汽车协调系统和高度自动化驾驶已成为现阶段各国发展的重点和市场竞争的关键因素。我国的基础技术、研发水平、相关产业链基础在智能车辆领域还很薄弱,还处于驾驶辅助阶段,未来将逐步过渡到部分自动驾驶、高度自动驾驶和无人驾驶阶段。

车联网技术的应用并不仅仅局限于自动驾驶汽车本身,同时也能在交通管理、汽车保险、汽车维修、汽车商业等领域发挥重要作用。随着生态系统的改善,车联网将提供更加多样化的服务,并渗透到O2O和汽车售后市场,跨境合作和服务创新日益突出。例如,在保险业中,通过车联网技术,可以更准确地评估和制定风险定价,更好地匹配保费和实际风险,并根据驾驶行为和里程,提供个性化的汽车保险费率。因而,车联网技术的价值将日益呈现多样化趋势,且不断延伸出新的应用领域。

市场前景的向好、政策环境的利好以及资本市场的热捧,为车联网产业发展提供了难得的机遇。如果能够把握良好时机,合理利用每一项客观利好条件,车联网产业的未来发展将前景光明。

复习思考题九

1. 阐述智能驾驶、驾驶辅助和自动驾驶之间的关系。
2. 什么是自主式汽车?什么是协作式汽车?
3. 阐述车联网产业发展的机遇和挑战。

参 考 文 献

[1] 王泉. 从车联网到自动驾驶:汽车交通网联化、智能化之路[M]. 北京:人民邮电出版社,2018.

[2] 王平,王超,刘富强,等. 车联网权威指南:标准、技术及应用[M]. 北京:机械工业出版社,2018.

[3] 付百学,胡胜海. 汽车车载网络技术[M]. 北京:机械工业出版社,2012.

[4] 刘春晖,刘宝君. 汽车车载网络技术详解[M]. 2版. 北京:机械工业出版社,2015.

[5] 刘春晖,刘光晓. 汽车车载网络技术详解[M]. 3版. 北京:机械工业出版社,2019.

[6] 李勇. 汽车单片机与车载网络技术[M]. 2版. 北京:电子工业出版社,2015.

[7] 付百学. 汽车车载网络技术[M]. 2版. 北京:机械工业出版社,2019.